じわじわ

ほっ…

(　　　　)

小学校教師ほたろうの
宝物みたいな日々

先生のあのね

ほたろう

はじめに

みなさん、こんにちは。
私は小学校で教師として働いている、
ほたろうです。

私にとって学校というのは、
宝物がたくさん詰まっている
冒険の場所のようなところです。
学校では多くの子どもたちと出会います。
世間では「○年生の子どもたち」と括られてしまう
子どもたちですが、蓋を開ければ千差万別。
それぞれ考えていること、感じていること、
注目すること、嫌なこと、
いろんなことが違います。

みんなで同じ問題を解いていても、
それぞれ考え方が異なります。考え方は似ていても、
考える順番が違うこともあります。
「ここで!?」というところで、
つまずくこともあります。
ですが、「そこ難しいよね！　わかるわかる」と
言って助け船を出せるのもまた、
子どもたちだったりします。
そんな子どもたちのやりとりの中から、
私自身も自分にはなかった考え方や
解決方法を見つけて「はっ」としたことが、
何度もあります。

教師をしていて直面した
大変さや難しさもありましたが、
それ以上に子どもたちとの関わりは
新しい刺激や感動、学びを私にもたらしてくれました。
どんなに準備をして臨んでも、また新しいものに出会う。
本当に冒険しているように毎日が過ぎていきます。

子どもたちとの関わりで出会った一つ一つが、
私にとってはとても尊い、宝物です。
そんな、教師として得たたくさんの宝物を
忘れてしまわないように、大事にまとめておいて、
いつでも取り出して未来の自分の糧にできるようにと
書き始めたのが、この絵日記です。

教師として過ごす中で、
その日あったことや感じたこと、
考えたことを、寝る前にイラストと文章で
絵日記のようにノートに残してきました。

私の目を通して見た、
たくさんの宝物をご紹介します。
小学生の頃、担任の先生に
提出していた日記「先生あのね」。
この本は私からみなさんへの
「あのね」です。
そんな感覚で
見ていただければ幸いです。

その1 先生あのね

COLUMN1

その2
先生
見てるよ

その3

周りを見れば

その4
これまでと
これから

その1

先生
あのね

毎日顔を合わせる子どもたち。

日に日に成長していく

その姿をそばで見ているのは

とても面白く、とても刺激的です。

思春期の荒れ

思春期の反抗的な態度や
周りをハラハラさせるような言動を見ていると

近よんじゃねぇ!!

先生ヅラしないで

バランスのとれない
コマのようだなぁと思う

↓

そんな生徒に悩んでいる初任の先生が
ベテランの先生に相談しているのを見かけた

はぁ? は?
うざっ
クラスの生徒なのですが…
なるほど…

ベテランの先生は何て答えるのかなと思って聞いていたら

↓

彼らはみんな
自分の体と心のバランスを
とるのに一生懸命なんだ
不安定になりながら自分を
見つけようとしているんだよ

うまく距離をとって
でも見離さないで
ドンと構えていよう
先生は その子の支えだ
彼女も 支えだと思うから
ぶつかってくる
どんな彼女でも支えて
やるんだ
はい
やってみます
はぁ…
今日もうざっ
○○先生が
担任ならよかった
なー
あーぁ
距離をとって見守り
必要な時に支えるというのは
とても難しいことで
その初任の先生もすごく
悩みながらだったとは思うけど
その子が ある時私に
私さぁ担任のこと初めは
すごく嫌で受け入れ
られないって思ってたのに
なんであんなに
嫌だったん
だろ…
今 全然そんなふうに
思わないの
あの時の私 めっちゃ嫌なやつ
だったと思う
と 話してくれた
その子は自覚がないくらい
コントロールできない自分を
生きていたんだな

それが その子なりの思春期だったのかな

長い間 不安定だったコマが
すっと安定したように感じる
瞬間だった

荒れる思春期のコマは安定するまで
その不安定さからいろんなところにぶつかる

ぶつかられた人は 痛いし つらい

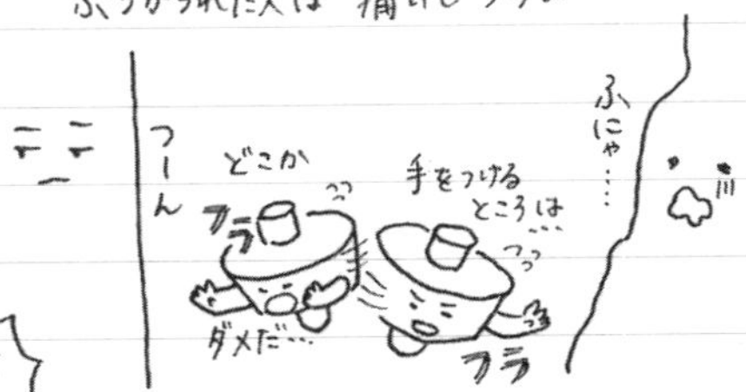

でも きっと
手をつくところは 選んでる

不安定な自分が 出せるところを
不安定な自分を 支えてくれるところを
無意識だとしても 選んでる

だったら それを受ける私たちは

ふにゃふにゃしないで
でも 見ないふりとか 見捨てたりはしないで「ドン」としていたいと思った
… もちろん 周りの助けも借りながら

思春期の荒れ　大変だけど

その子にとっては　必要なものだから
一人の 大人として 支えでいられたらな と思う

おわり

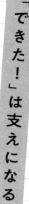

「できた！」は支えになる

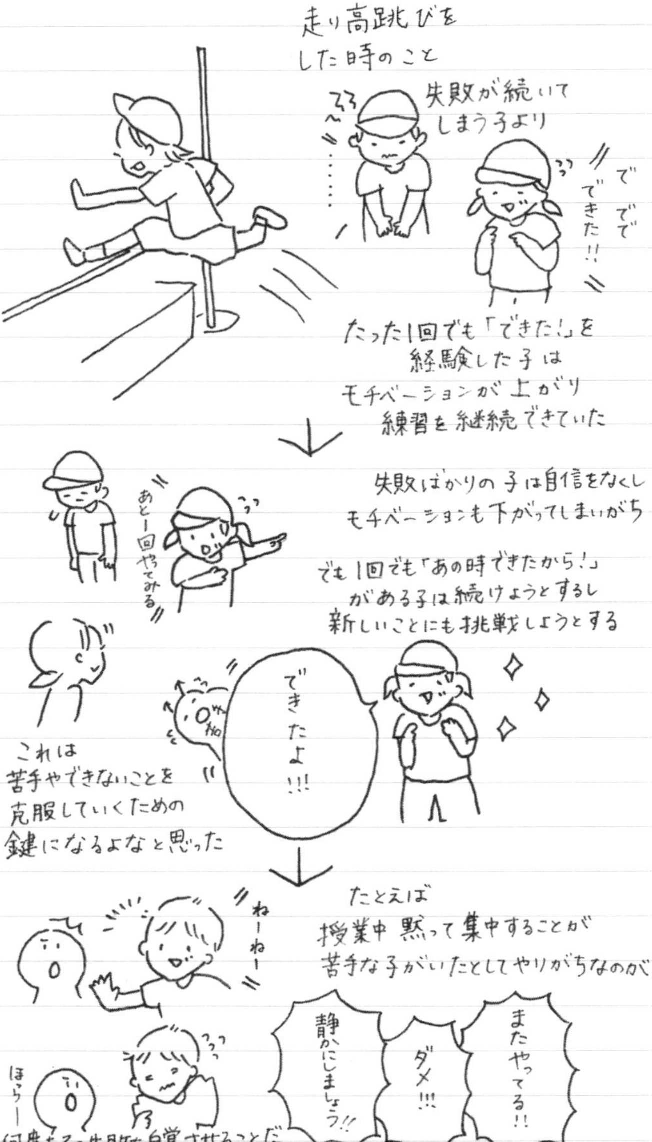
走り高跳びをした時のこと
ふろ〜……
失敗が続いてしまう子より
でででできた!!
たった1回でも「できた!」を経験した子はモチベーションが上がり練習を継続できていた
失敗ばかりの子は自信をなくしモチベーションも下がってしまいがち
あと一回やってみる
でも1回でも「あの時できたから!」がある子は続けようとするし新しいことにも挑戦しようとする
できたよ!!!
これは苦手やできないことを克服していくための鍵になるよなと思った
たとえば
授業中 黙って集中することが苦手な子がいたとしてやりがちなのが
ねーねー
ほら〜
静かにしましょう!!
ダメ!!!
またやってる!!
何度もその失敗を自覚させることだ

だけど
たくさんの失敗を自覚させたところで
その子はできるようになるのだろうか
「自分で何とかしよう」
「もっとできるようになりたい」と
思うようになるのだろうか

走り高跳びの時と同じように たぶん ならないと思う

↓

だから
失敗を重ねさせるんじゃなくて
「できる」を作ることに目を向ける

一人でいると
おしゃべりしないで
ずっと集中できるね!

バーの高さを変えて
跳べるところから跳んでみて
「できた」を探してみる

↓

そのバーの高さを少しずつ変えて「できた」を増やす
「できた」を自覚させていく

ほんとだ!
席が離れていれば
大人数でも
集中できたね!

↓

「できた」はきっと
その子を支えてくれる
たとえまた失敗があったとしても

だから 私も

こういう声かけをしたい

こっちのほうが 支えてあげられそうな気がする

↓

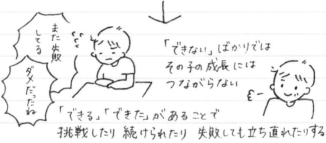

「できない」ばかりでは
その子の成長には
つながらない

「できる」「できた」があることで
挑戦したり 続けられたり 失敗しても立ち直れたりする

↓

うまくいっていない子がいたら

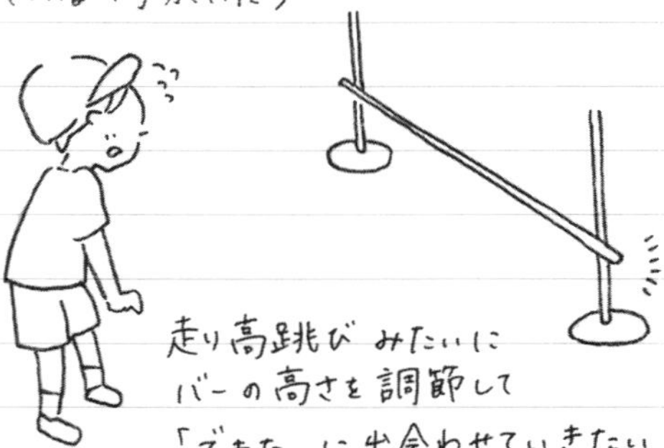

走り高跳び みたいに
バーの高さを調節して
「できた」に出会わせていきたい

おわり

ほめるって価値づけか

教師になったばかりの頃
先輩にこう言われた

↓

ほめる時と
その内容は

やみくもに
ほめないのよ！

「いっぱい ほめれば いいじゃない！」という考えが
当時の私にはあったのだけど
どうやら そうじゃ ないらしい　　たとえば

↓

先生見てー!!
100点だったよ！
やったー!!

って
子どもが言ってきた時

と私が言った場合

「100点満点をとった結果」だけが「すごい」ことになり

点数が高いことに価値があるのだと伝えてしまっている

↓

こう返した場合　点数でなく

その子の努力や今までの過程に価値があり

「点数だけが価値じゃない」ということを伝えている

↓

先輩とこの話をした時

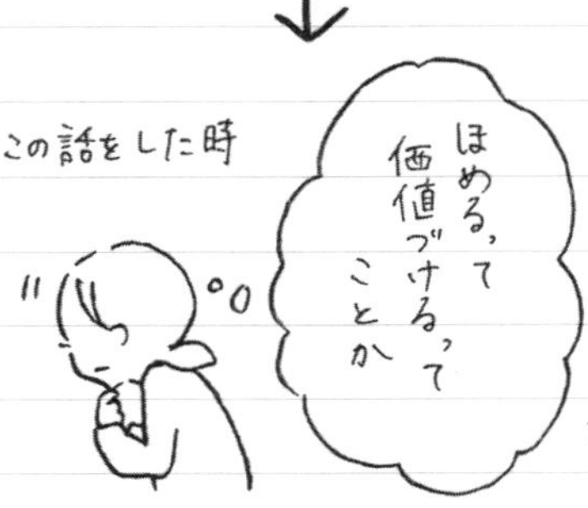

と思った

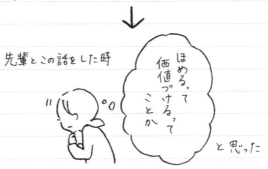

私が その子に「いいね」と
言ったことが

今ゴミ拾ってくれたね！いいね！ありがとう！
これはいいことなんだ
ゴミ

その子にとって
「価値のあるいいこと」に
なりうる

↓

それを考えずに
やたら ほめていたら
子どもたちは

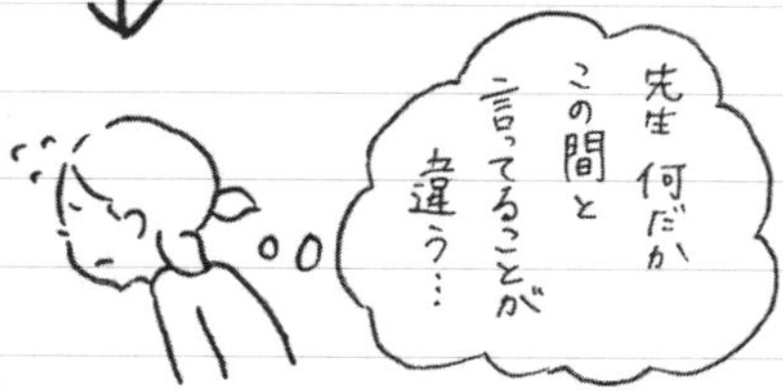

先生何だかこの間と言ってることが違う…

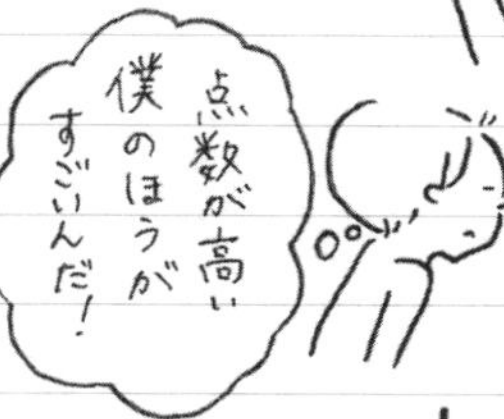

点数が高い僕のほうがすごいんだ！

それに振り回されたり
望んでいなかった方向に
価値を置くようになったり
するかもしれない

↓

だから私は
何に価値があって
何がいいことなのかを
いつも考えている人でいないと
いけないんだ と思った

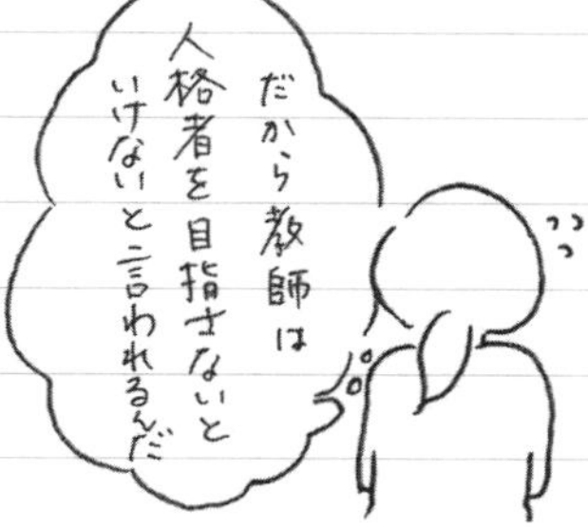

だから教師は人格者を目指さないといけないと言われるんだ

精進せねばだ　(おわり)

上手な時間の使い方

以前 担任をしていたクラスは
給食の準備に
すごく時間がかかっていた

まず
当番の準備が
素早くできなくて

早く支度をしてくださーい!!

給食係の子は毎日
大きな声で呼びかけていた

それなのに
どうしても 話したり
遊んだりしたい子がいて
作業が進まず

早く持っていってよー!!

食べる時間も休み時間も
少なくなってしまった

(当時は給食の時間が60分間で余った時間が昼休みだった)

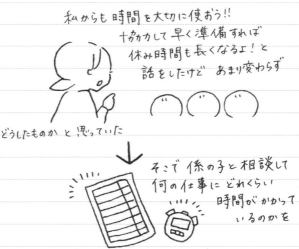

私からも時間を大切に使おう!!
協力して早く準備すれば
休み時間も長くなるよ!と
話をしたけど あまり変わらず

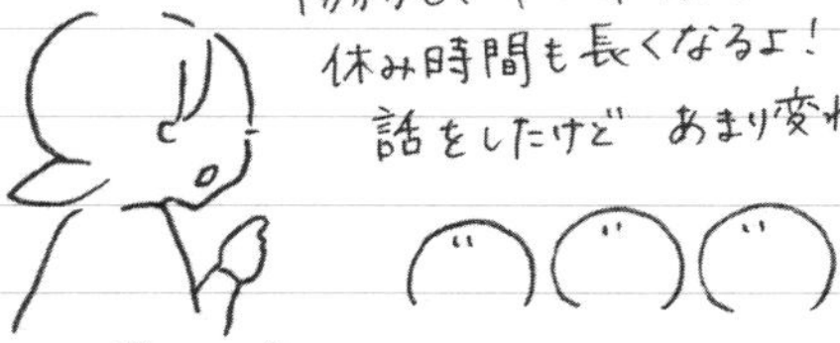

どうしたものか と 思っていた

↓

そこで 係の子と相談して
何の仕事に どれくらい
時間がかかって
いるのかを

実際に測って記録し クラスのみんなに見てもらうことにした

↓

すると

この日は手洗いに5分もかかってる…
おしゃべりしてるからかな…
着替えに4分はかかりすぎだよね…

こんなふうに 自分たちの行動に
どれくらい もったいない時間があるのか
客観的に見ることができた

それをもとに クラスで目安の時間を話し合い

そこまでは10分あればできそう

その結果
手洗い
おおー!!

60分−35分＝25分

食べる時間を20分以上は取るという条件でも
最大で25分も昼休みが取れるという
結論になり　これが目標になった

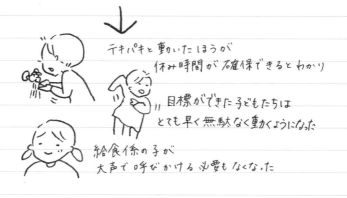

テキパキと動いたほうが
休み時間が確保できるとわかり

目標ができた子どもたちは
とても早く無駄なく動くようになった

給食係の子が
大声で呼びかける必要もなくなった

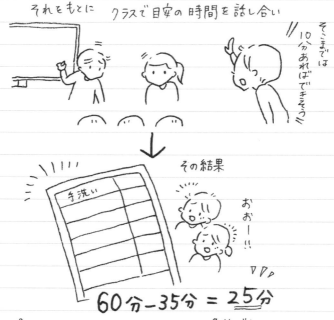

行動を客観的に振り返ること
自分たちにプラスになることを
目標としてあげることで
行動は変わるのだなと感じた

私も自分の時間の使い方を
記録して客観的に見てみたら
無駄が見つかって効率よく
動けるんじゃないかな

おわり

困る子は困っている子

「困ったな」って思う子　たとえば

止まらない子

乗っちゃいけない

おりてよー

問いかけを
無視してしまう子
行こうよー！
グループ学習への参加を
拒んでしまう子

少し思い出しただけでもこれだけあるんだから
「困ったな」って思わされることって　たくさん　あると思う

↓

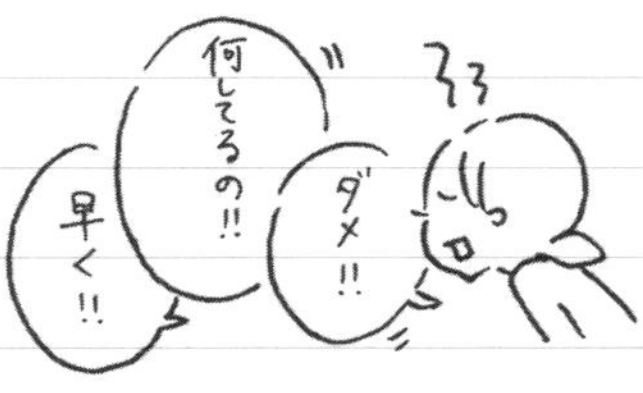

何してるの!!

そんな時どうしても
禁止や否定やせかす言葉で
どうにか「私」が望む姿に
したいと思ってしまうけど

↓

本当は　本人も
どうしたらいいか
わかっていなかったり

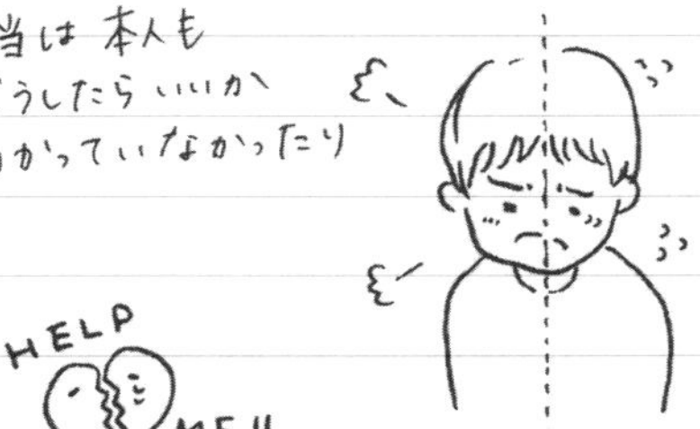

わかっているのに
動けなくて
困っているんだ

さっき例に挙げた子たちも　そうなのかもしれない

おしゃべりするのは
授業がわかりづらいから

乗っちゃうのは
不安だから

グループにいると
自分のペースでできず
不快だから

無視するのは他にトラブルがあって
余裕がないから

「困った子」に見える背景には
必ず理由があるし
たしかに時には禁止しないといけない行為もあるけど

「困ったな」と思う子は　「ダメな子」ではなくて
何か理由があって　そうしている
「困って　もがいている子」　なんだ

解決の方法がわからない　or　できない　だけなんだ

私が その子の困りを
見つけようとせず
ただ 怒って 否定するだけでは
その子は傷つくだけだろう

強く とがめれば
言われた通りに 動くかも
しれない けど
抱えてる 困りはなくならないだろうから　それじゃあ 意味がない

↓

だから
私が「困ったな」って思ったら
「困った子」として 見るのを やめて
その子が 何に 困っているのか
見つけて あげようと 思う

そして　どうしたらいいか　一緒に 考えることにする

↓

失敗してもいい　うまくいかないことが あってもいい
「ダメな子」「困った子」じゃない
いつか 大きくなって 自分の力で 楽しく生きていけるように
今「困り」が 見つかって よかったんだよ
これから 力を つけていこうねって 思うようにしたい　おわり

早くしなさいの時

低学年の子は
時間を見て行動することが
うまくできない

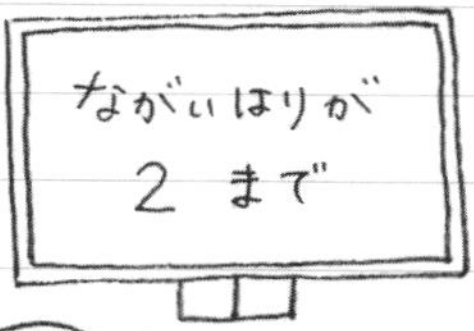

最初は
「まだ時計も読めないし
仕方ないのかなー」と
黒板に時刻を書いたり
時計の数字に印をつけたりしていたけど

時間を意識するのが
苦手な子にはあまり
効果がなかった

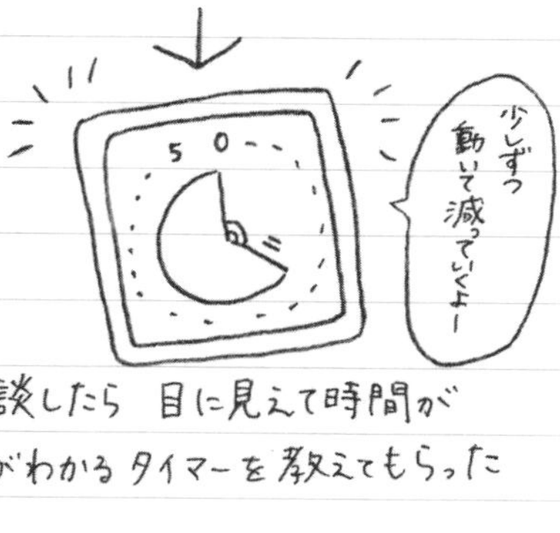

そこで周りに相談したら 目に見えて時間が
減っていく様子がわかるタイマーを教えてもらった

もう
時間だよー

中には
ゆっくり行動したり
時間を忘れて いつまでも
没頭してしまったりする子もいる

↓

はっ!! もう
これだけしかない!

そんな時
時間が「量」で見えると
時間が過ぎていくことが
わかって

↓

ピピピ
ピピ〜
ふー
間に合ったー

「時間が
なくなるまでにやればいい」
と理解できて
行動に
うつすことができる

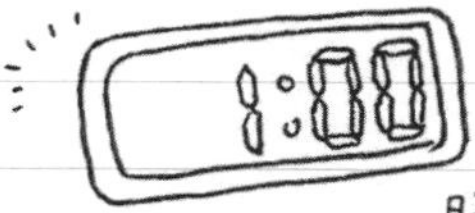

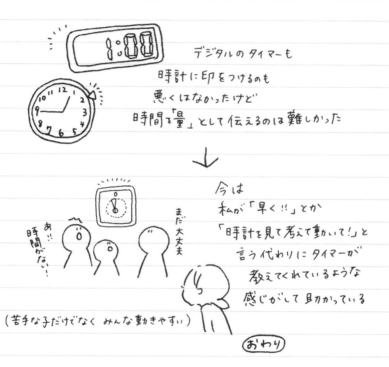

デジタルのタイマーも
時計に印をつけるのも
悪くはなかったけど
時間を「量」として伝えるのは難しかった

↓

今は
私が「早く!!」とか
「時計を見て考えて動いて!」と
言う代わりにタイマーが
教えてくれているような
感じがして助かっている

(苦手な子だけでなく みんな動きやすい)

おわり

謝らないとダメ？

ケンカしたら　悪いことをしたら　謝る

ご…ん
ごめーんねー!!
そんな言い方じゃなくて!
もっと大きい声で!!

あたりまえで
大切なことだと思う
でも「ていねいに謝れば それで解決」というような感覚で
本人が納得していないのに謝罪を強要してしまったこともある

これって　どうなんだろう

私は謝ったのに…
嫌だったのに
謝ってくれない!!

言い合いのケンカの
仲裁に入った時に

片方の子は「言いすぎて ごめんね」と
伝えていたのだけど
もう片方の子は「ごめんね」を
言わなかった　　「言えなかった」のほうが正しいかな

絶対に許せないことを
言われたから謝る
気持ちにはなれないよ

理由を聞いたら

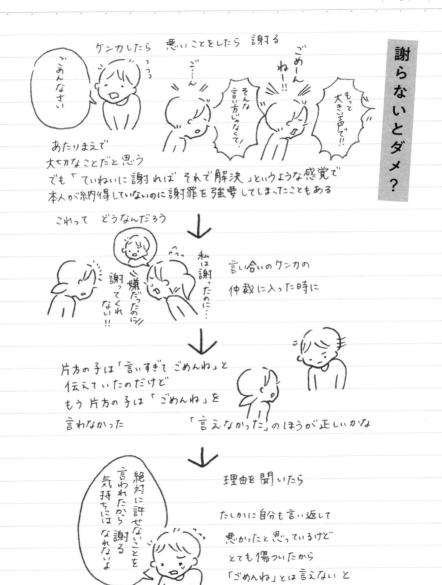

たしかに自分も言い返して
悪かったと思っているけど
とても傷ついたから
「ごめんね」とは言えない と

難しいところだと思うけど　同じ言葉でも　傷つき方は
人によって　ずいぶん違う
彼にとっては　ものすごく　ショックなことだったんだとわかった

↓

それが　わかった時

変なこと言っちゃって
ごめんね
言い返されてすごく嫌だった
○○って言われたことは
絶対に許せない
強く言い返したのは
よくなかったと思ってる

形だけ「ごめんなさい」を言わせるのは
違うかなと思った

その代わり　気持ちを言葉にして相手に伝えてもらうことで
様子を見ることにした

↓

その後

上手に関わっている姿を見て
ホッとした

その場で形だけの「ごめんね」を言うことが
解決法ではなくて
むしろ　それじゃあ
解決しなかったんじゃ
ないかな　とも思う

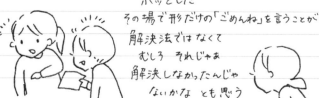

これ以外にも
謝らない
謝れない理由というのは
いろいろある

そんな時　気持ちを無視して　強要しないようにしたい

↓

その代わり　気持ちを伝えること

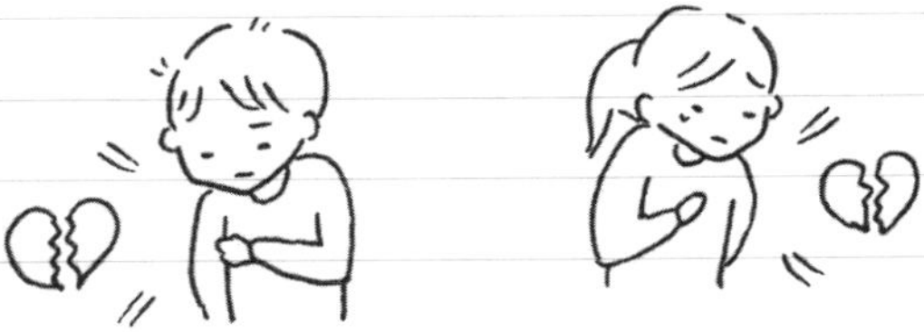

相手の気持ちを知ることは大切だと思う

「謝る」ということは　たしかに　必要だけど
気持ちが置いてきぼりのまま
形だけ謝って　終わりにしないようにしたい

おわり

自分を大事に

もーやめて！
すぐ蹴るー
ごめんってばー
あ!! やめて!!
ガシャーン!!
私が大学生の時
あるボランティア先の学校で
この間サッカーでね!!
すごく遠くまでボール蹴ったんだ!!
って前に話してた子だ
ねぇ!!
足!!

〇〇くんの足は
ボールを遠くまで蹴って
サッカーする足でしょ??
周りの人を
ワクワクさせる足だよ
怖がらせる足じゃ
ないから…
あー だからね!!
蹴らないで
話してみて!!
ということだよ!!
だって
悔しかったんだ
もーん!!
ワッ
どうしても
抑えられない気持ちは
あると思う
うん…!!
そうだったのね
足大事に
でも そんな時も
自分のことを
大事にしてほしい

こう思ったのは
私も小さい頃 そう言ってもらったことがあって
うれしかったから

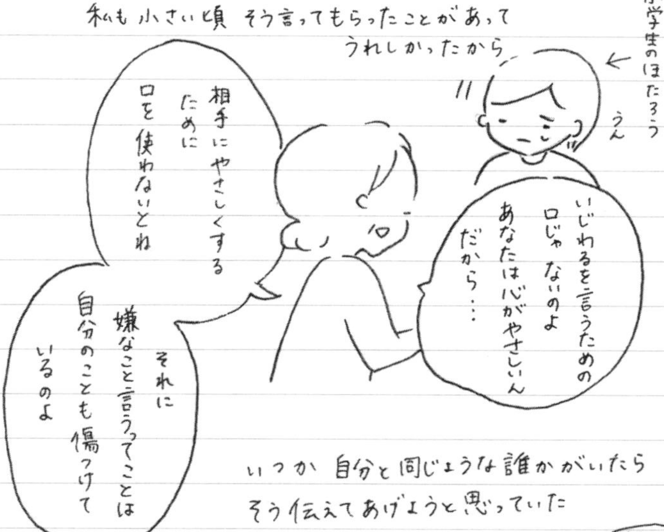

いつか 自分と同じような誰かがいたら
そう伝えてあげようと思っていた

おわり

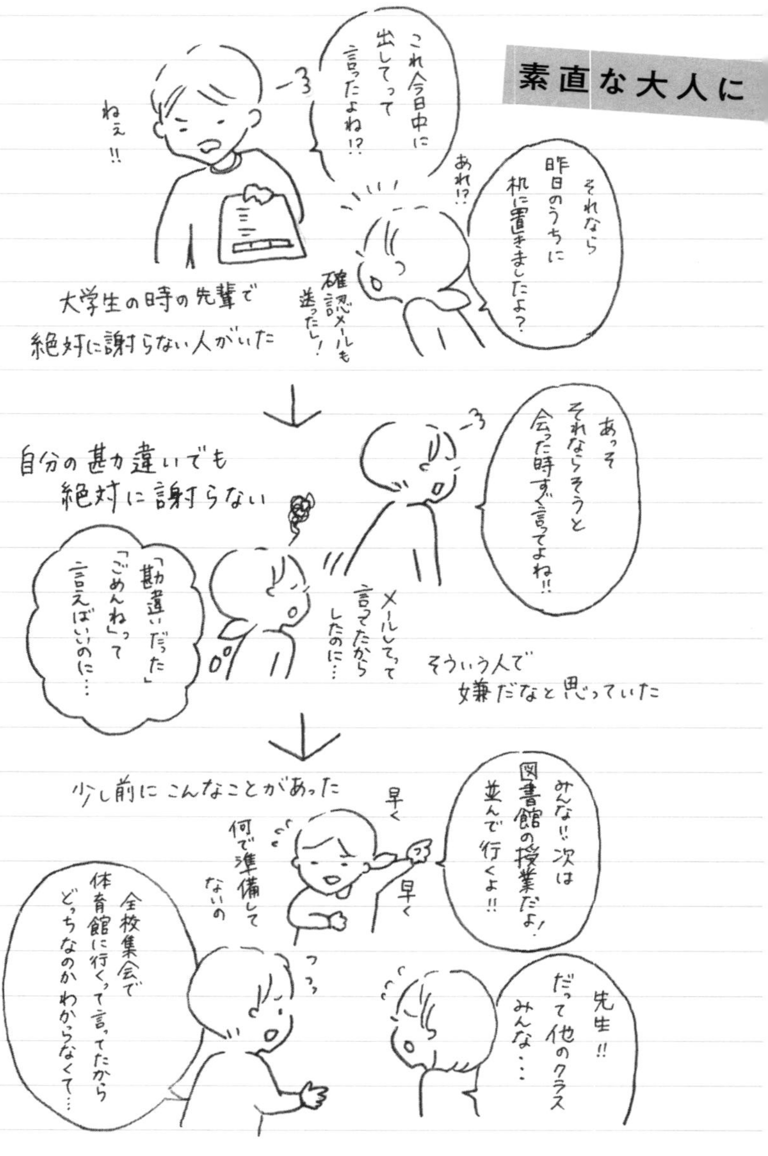
素直な大人に
これ今日中に出してって言ったよね!?
ねぇ!!
あれ!?
それなら昨日のうちに机に置きましたよ?
確認メールも送ったし!
大学生の時の先輩で絶対に謝らない人がいた
自分の勘違いでも絶対に謝らない
あっそ それならそうと会った時すぐ言ってよね!!
メールしてって言ってたからしたのに…
「勘違いだった」「ごめんね」って言えばいいのに…
そういう人で嫌だなと思っていた
少し前にこんなことがあった
みんな!! 次は図書館の授業だよ! 並んで行くよ!!
早く 早く
何で準備してないの
全校集会で体育館に行くって言ってたからどっちなのかわからなくて…
先生!! だって他のクラスみんな…

私のミスで
クラスの子たち全員が
全校集会に遅れてしまった

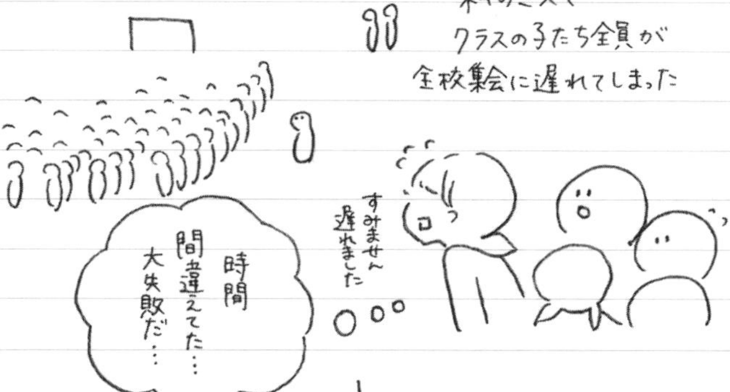

子どもたちは悪くないのに せかしてしまった
完全に私の失敗・勘違いなのに

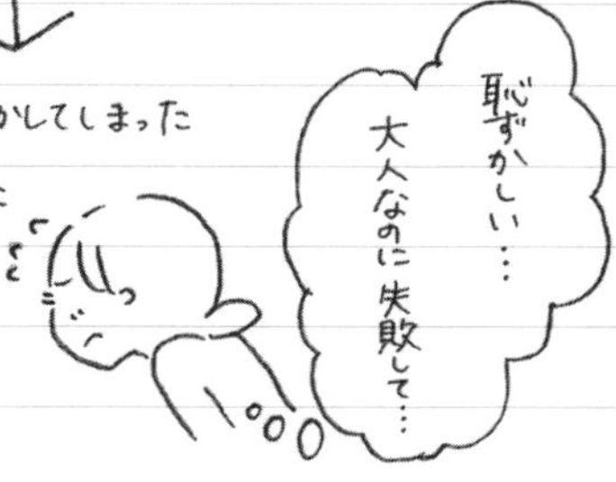

変なプライドが邪魔をして

一瞬

こんなことが
頭を よぎった

だけど その時

絶対に謝らなかった 大学時代のあの人を思い出した
自分が悪いのに謝れないなんてとっても不愉快なやつじゃないか

やっぱり それは おかしいと 思って
目を見て しっかり 謝った

謝ったら　心がすっきりした

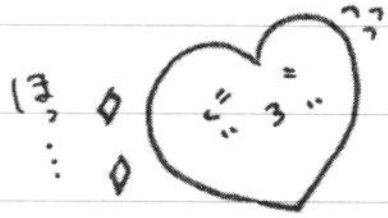

もし謝れずにいたら
信頼関係だって揺らぎかねない

たった1回のことだけど
信じられない大人に　なるかもしれない

見て　いるよ

今回　私は謝ることができたけど

その前に　私の中に

「私のほうが上の立場」「私が正しい」

「だから謝らない」みたいな変なプライドがあったことを
すごく反省した　（おわり）

COLUMN1

学校の先生の一日

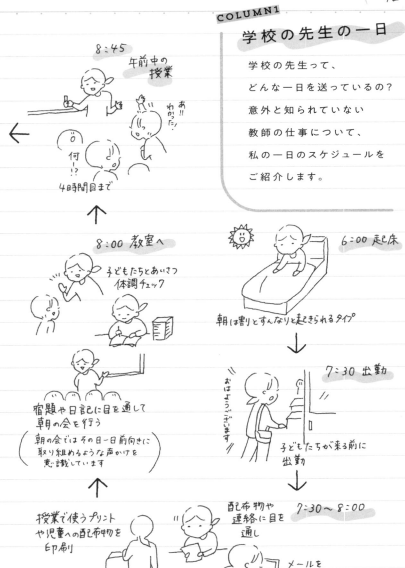

学校の先生って、
どんな一日を送っているの？
意外と知られていない
教師の仕事について、
私の一日のスケジュールを
ご紹介します。

6:00 起床
朝は割とすんなりと起きられるタイプ
7:30 出勤
おはようございます
子どもたちが来る前に
出勤
7:30～8:00
配布物や
連絡に目を
通し
メールを
チェック
授業で使うプリント
や児童への配布物を
印刷
8:00 教室へ
子どもたちとあいさつ
体調チェック
宿題や日記に目を通して
朝の会を行う
（朝の会ではその日一日前向きに
取り組めるような声かけを
意識しています）

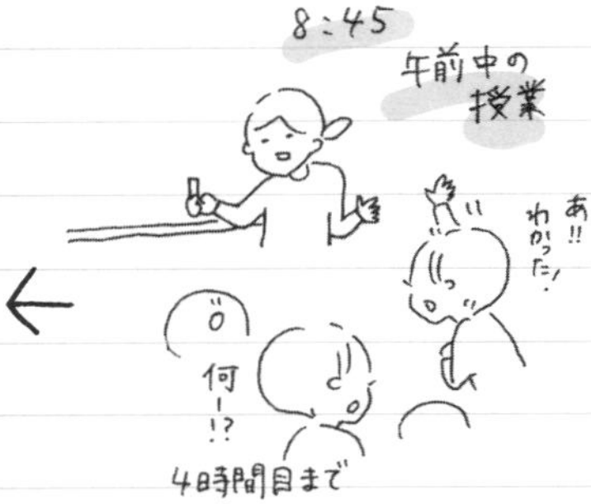

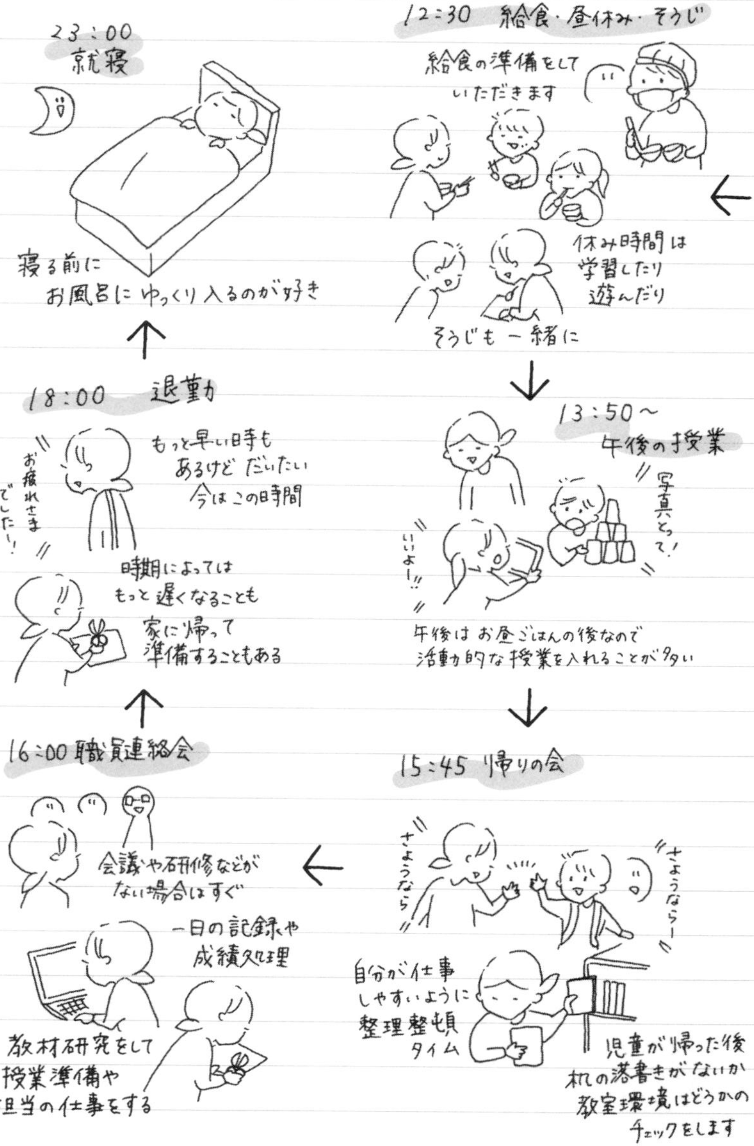
12:30 給食・昼休み・そうじ
給食の準備をして
いただきます
休み時間は
学習したり
遊んだり
そうじも一緒に
13:50〜
午後の授業
写真とって！
いいよー!!
午後はお昼ごはんの後なので
活動的な授業を入れることが多い
15:45 帰りの会
さようなら
さようならー
自分が仕事
しやすいように
整理整頓
タイム
児童が帰った後
机の落書きがないか
教室環境はどうかの
チェックをします
16:00 職員連絡会
会議や研修などが
ない場合はすぐ
一日の記録や
成績処理
教材研究をして
授業準備や
担当の仕事をする
18:00 退勤
お疲れさまでした！
もっと早い時も
あるけど だいたい
今はこの時間
時期によっては
もっと遅くなることも
家に帰って
準備することもある
23:00
就寝
寝る前に
お風呂にゆっくり入るのが好き

その2 先生見てるよ

子どもたちのそばにいる教師として、

何ができるかなといつも考えています。

でもそれを教えてくれるのは、

子どもたちだったりします。

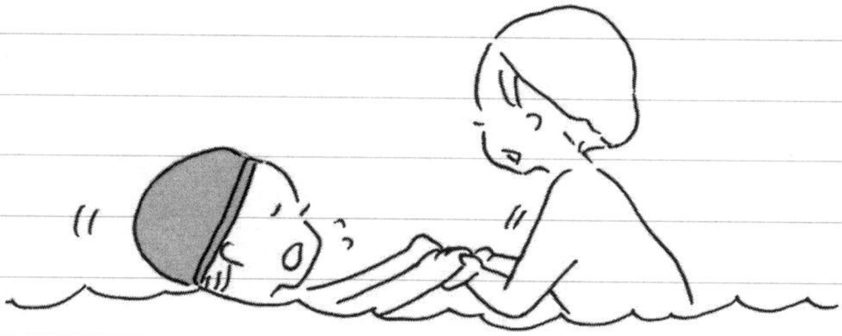

ハロー効果に気をつけよう

ある代表になった子 2名に
書類の提出をお願いしていた
ことがあった

1人分は提出されていたけど
もう1人分が期限まで待っても
提出されず

名前を書く欄がなかったため どちらの子が未提出
なのかも その時は わからなかった

片方はよく知っている子
毎日ハキハキ あいさつをして
くれる子で 私はその子に対して
とても しっかりしているという
印象を持っていた
なので未提出にしているのは
もう1人のあまり知らない子かな
と思っていた

あ!! 先生
おはようございます!!
ビシッ!!
あまり知らない子
他学年

あれ!! これ 今日のお昼までだったよね!!
先生 チェックしてください!!

しかし
未提出だったのは

私が しっかりしていると思っていた
ハキハキあいさつをしてくれる あの子

私はその子のある一つの特徴だけで
「あの子は しっかりしているだろう」と
考えてしまっていた

このように
ある顕著な特徴をその人のすべての
特徴に対する評価に広げて考えてしまうことを

ハロー効果
（後光効果，光背効果）という

私も大学生の時 心理学の授業で学んだことを
この一件で思い出した

↓

考えてみれば いろんなところで
これに左右されてしまっているかもしれない

走るの速いなら
他のスポーツも得意だろう

物静かな子だから
発言は苦手かな…

学校以外のところでも
もちろんあると思う

○○
うっ

↓

忘れてました…

印象やある一面だけでその子を
判断しているようでは
正しい評価もできないし
それが偏見となってその子を傷つけて
しまうこともあるのではないかと思う

よく見えるけど実はそれだけじゃないよね－

ハロー効果 気をつけよう
「ハロー効果かも？」って
思っているだけでも
気づけることはあると思う

（おわり）

決めつけてしまったこと

見えていないことって
いっぱいある

ある日

ふん!!
おーい!!
行くよー!!

並んで外に行く時に
みんなに声をかける
当番だった子が
並ばないで座り込んでいた

私は思わず

声かけ当番さんなんだから一番に並んでてほしかったなぁ…

と声をかけてしまったのだが
これが彼をすごく傷つけてしまった

実は 私が 靴を取りに行っている間
彼は真っ先に並んで みんなに
声をかけてくれていたのだが

みんなここに並んでー!!

えっ!!
やだー!!
無視して遊ぼー!!

一部の子がそれを聞かずに

知らなーい!!
ねぇー!!

無視をして
拒否をして
遊び出してしまった
ということがあったらしい

気持ちが
折れてしまった
ところに

靴を取りに行っていた
私が戻ってきて

一番に並んでほしかったなぁ…

状況を決めつけて
この言葉を
かけてしまった

見えていないことは いっぱいあるのだから
もうちょっと周りを よく見るべきだった

↓

全部の「あれ？」には理由があると思う
決めつけないで「どうして？」って思うこと
「どうしたの？」って聞くことを 大切にしたい

おわり

見逃されがちな子

困ったことがある時
自分で言えたり

言えなくても何らかの行動で
困っていることを示していれば
助けてあげられるのだけど

↓

静かにじっとしている子は　見逃しがちで

↓

気づけず助けてあげられないことがある
できなくて 困っていても
そのままになってしまっていることがある

何か新しいことに出会う機会があっても

あまり態度に出さない子や消極的な子は
やっぱりいて

そこにさらに私の
勝手な判断や
決めつけや
諦めが
あったりして

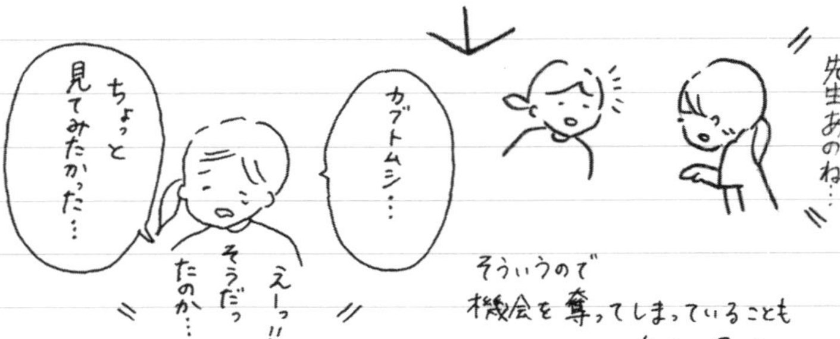

そういうので
機会を奪ってしまっていることも
あると思う

だから これからは
そういう子ほど
気にしてみようと思う

様子を見て
声をかけてみようと思う

↓

子どもたちだけではできない成長がある
見つけられない 育てられない 自分がいる

だから一緒に 種をまくような関わり方をしたい
いろんな可能性を信じて 助けたい

(おわり)

あなたが信じなくても

本当に　そうかな

↓

私は知ってるよ

大好きなことに出会った時
身を乗り出している
夢中になるものを見つけた時
目がキラキラしている
あなたを

年下の子を見かけると
やさしく声をかける
あなたを

ステキな姿というのは　自分では見えないものなのかもね

↓

今のあなたから見たあなたは
どうしようもなく
ダメに見えるのかもしれない

でも

あなたが見ているあなたは
あなたの　一部でしかない
あなたの　全部じゃ　ない

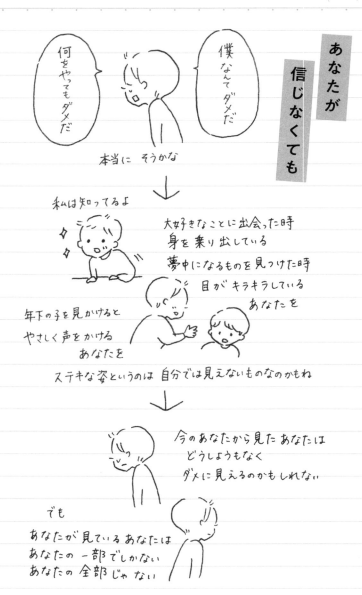

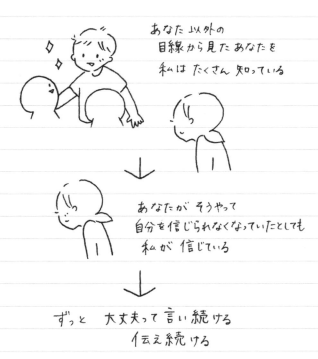

あなた以外の
目線から見たあなたを
私はたくさん知っている

↓

あなたがそうやって
自分を信じられなくなっていたとしても
私が信じている

↓

ずっと　大丈夫って言い続ける
伝え続ける

必ず届くって思ってる

あなたは　ステキな人よ

(おわり)

今のあなた

小さな手に

もっと小さかった
時があったこと

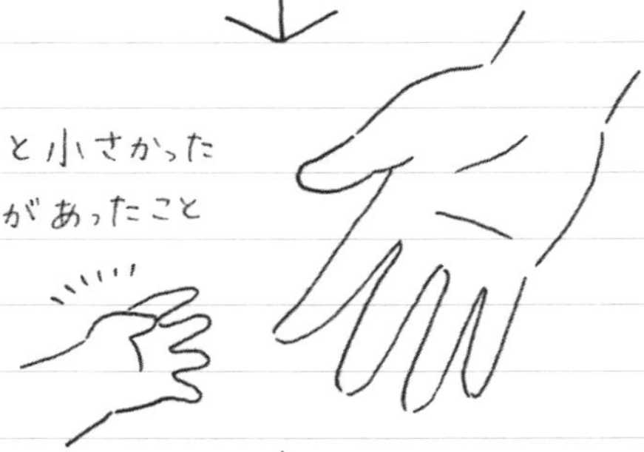

いつか 私より
大きくなってしまうんだ

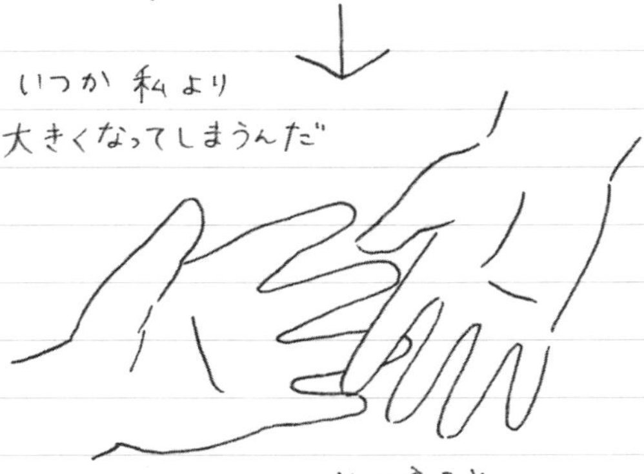

ということ

そんなことを
ふと考えることがある

今生きているあなたは
どんなふうに
育ってきて

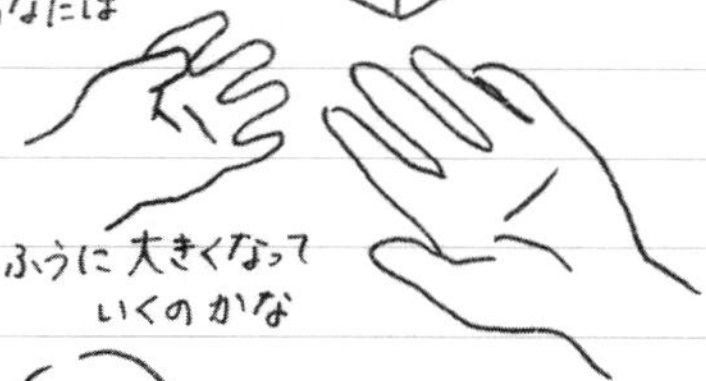

どんなふうに大きくなって
いくのかな

私が見ることは
できないけど

でも 今は
大切な過去と
線につながっている

「今」の大きさのあなたと
出会えたことを
大切に思っているよ

今までも 今も
そして これからも
ずっと幸せでありますようにって
願っているよ

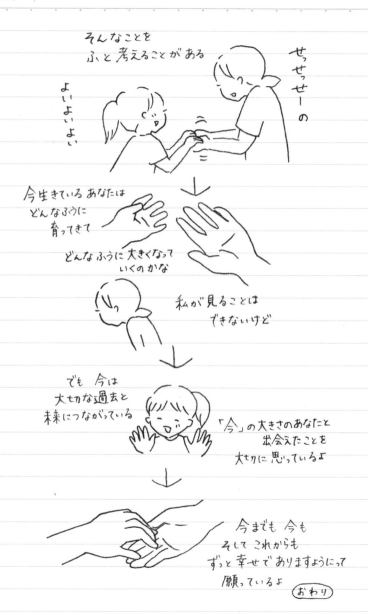

おわり

子どもたちが持っているもの

今日は
練習が
ました。
元気な字ー
枠から飛び出て踊ってるみたいだね！
一見マイナスのものを
なるほどねー
○○さんの字はどんな字？
私の字は今日は
整列している
字ー!!!
ビッ!!
プラスに見ること
認めること

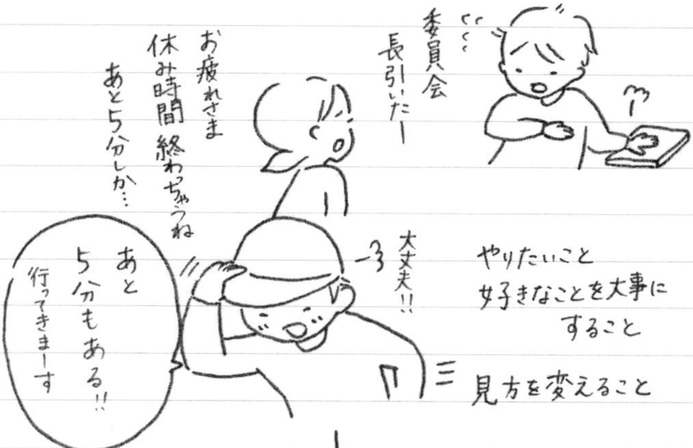

やりたいこと
好きなことを大事にすること
＝見方を変えること

相手や自分の喜びのために手段を考えて行動に移すこと

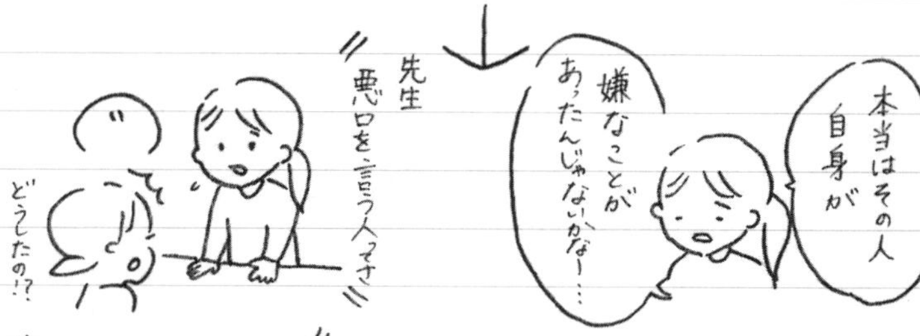

哲学すること

大人（私）はしないし考えもしないことを
子どもたちはやってしまうことがある

こういう力こそ この先を生きていくために
必要なもの だと思う

子どもたちが今
持っている
これは こういう
形です!!
……
こっちから
見ると…
はっ!!
子どもたちの
見方を
どうしよう…
はいっ!!
ロケットを
飛ばせば
いいと思う!!
無理…だけど
たしかにね…
子どもたちの考え方を

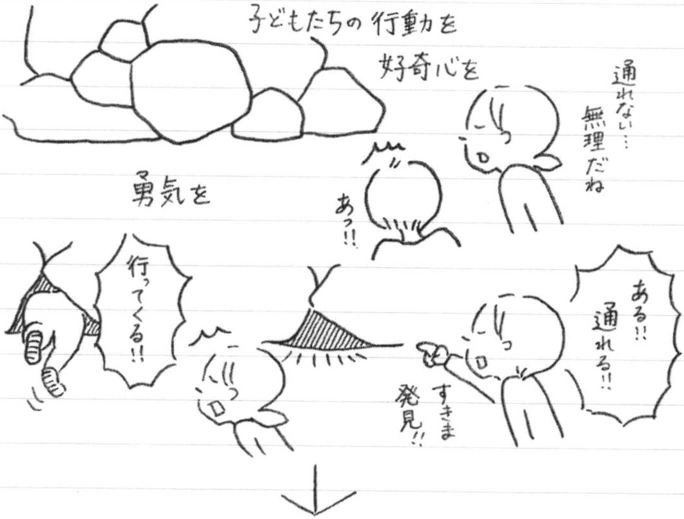

子どもたちの行動を
好奇心を
通れない…無理だね
あっ!!
勇気を
行ってくる!!
ある!! 通れる!!
すきま発見!!

学校で一つの形にそろえてしまわないように

学校でなくしてしまわないように

おわり

何で○○してくれないの？

子どもたちのトラブルの仲裁に入った時
「自分の気持ちを伝えて」と言うと

というふうに伝えてしまうことが多い
純粋に理由を尋ねる「何で？」ではなく
相手を否定してしまうような「何で？」だ

↓

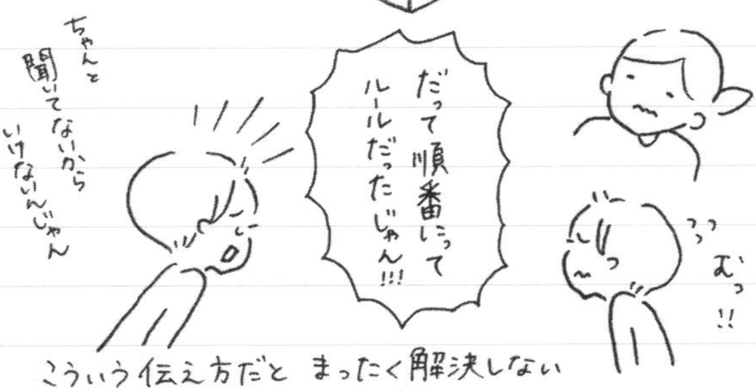

ちゃんと聞いてないからいけないんじゃん
だって順番にってルールだったじゃん!!!
むっ!!

こういう伝え方だと まったく解決しない

↓

何でだろう…
「気持ちを伝えて」って… 彼はたしかにその時の気持ちとして

何で無視して貸してくれないの!?
「貸して!」って声をかけたのに…

こんなふうに思ったんだろうけど

それをそのまま伝えたところで

相手に本当の
思いや気持ちは

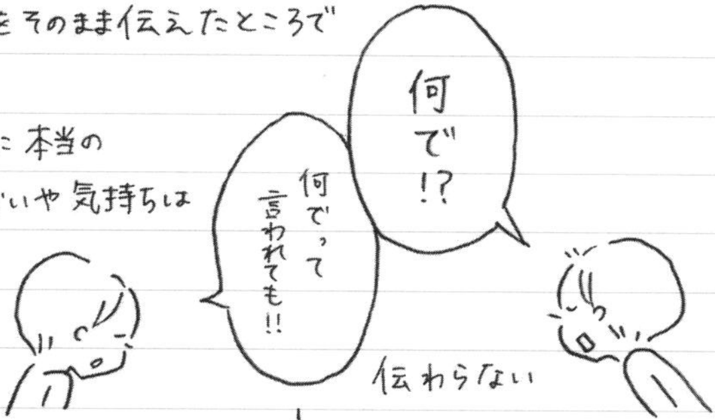

伝わらない

↓

それどころか
この「何で」の
伝え方から
受けるのは
強い攻撃のよう…

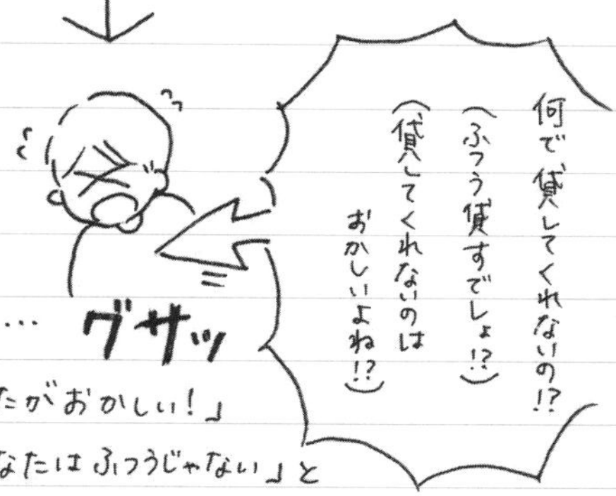

「何で!?」「あなたがおかしい!」
「私は正しい!」「あなたはふつうじゃない」と
言われているように 感じてしまうんだ…

↓

これじゃあ解決しないよね
一番伝えたいのは
「何で○○してくれないの!?」の
中にある

自分はどうしてほしかった
自分の感情がどうだった

ということのはず

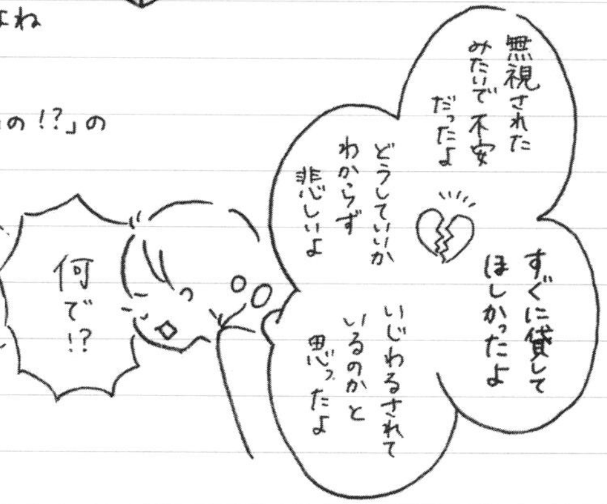

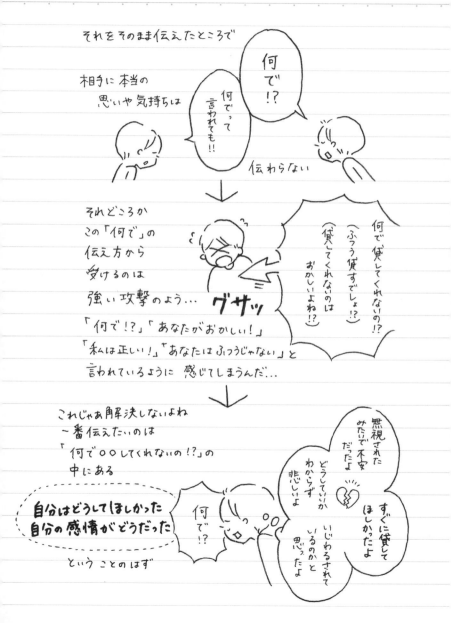

それが 言葉として
うまく出てこなくて
伝えられないで
代わりに出てくる「何で!?」
なんだよね
攻撃したいわけじゃない…

↓

僕はすぐに貸してほしかったのに聞いてくれなくて…
悲しかったんだ

気持ちを伝えたい
そんな時は
「何で」じゃなくて
「僕は」
「私は」で
始めよう

↓

僕も…
順番に使うっていうルール知ってると思ってた…
わがままだと思って無視しちゃったんだ…
ごめんね

よかった…

そうすれば伝わると思うんだ

おわり

ほめられるから、やる

こんな時

しばしば やりがちなのが

結果だけ見て
ほめること

これを続けて その子のモチベーションにつながるのが
結果をほめられることだけになってしまったら

ほめられなくなって
しまった瞬間

その物事に価値を
見出せなくなってしまうことも
あるのではないだろうか

その子が価値を感じるのが絵を描く楽しさではなく
「他者からもらう評価」になっていたとしたら
ほめてもらえないなら いいやって 投げ出してしまうだろう

↓

最初は
意欲を持って
やりたくて始めたもの
なのに

いつしか
結果や
外からの評価にしか
価値がないと感じる
ようになって

↓

才能や
何かにのめり込む機会を
失うことになってしまったら
もったいないな と 思う

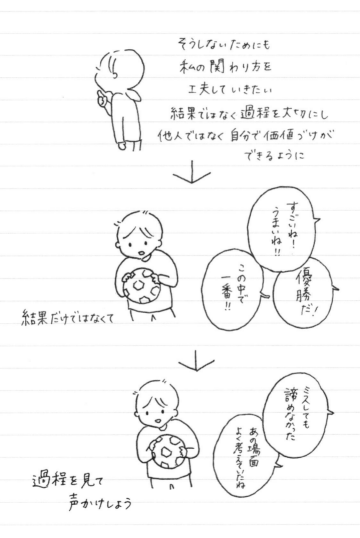

そうしないためにも
私の関わり方を
工夫していきたい
結果ではなく過程を大切にし
他人ではなく自分で価値づけが
できるように

↓

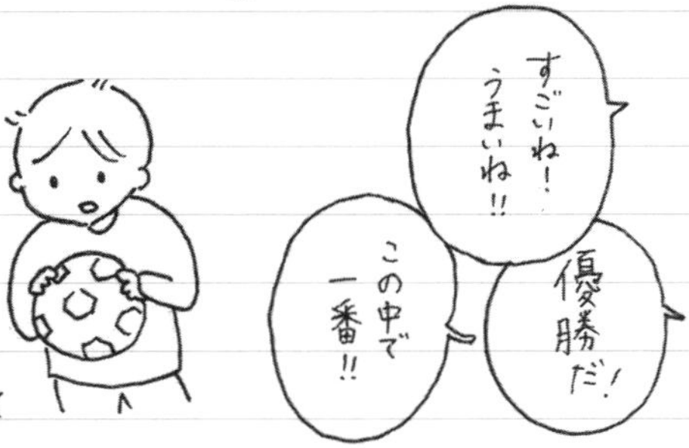

すごいね！
うまいね!!
優勝だ！
この中で
一番!!

結果だけではなくて

↓

ミスしても
諦めなかった
あの場面
よく考えていたね

過程を見て
声かけしよう

自分で自分を評価して

認められるような声かけをしよう

他は関係なく

自分がいい！と思うことを

自分が好き！と思うことをする

自分が楽しいと思うことを
自分がやりたいことを
楽しいから　やりたいから　やる!!ってなるように

↓

意識した声かけを積み重ねていきたい
それが　将来　その子の人生を支えてくれたり

その子の人生が豊かになれば　うれしいなと思うから　おわり

輪に入りたくない

全員で何かしよう！という時に輪に入らない子

みんなと一緒に動けない子がいる

そういう子は つらいんだろうな と思う

↓

そういう時は

「どうしたの？」「何かあった？」

と聞くようにしている

何かが うまく いっていないから

何か思うことがあるからの行動だと思うから

今の仲間に不満を
持っていることもある
自分の居場所じゃないと
感じていることもある

あんな人たちと
一緒にやりたくない
協力したくない

音楽が苦手で
みんなに見られ
ながらやるのが
嫌だ

そもそも 苦手なことや
ストレスが かかることを
みんなの前で
みんなに合わせて
やることで さらに不安になっていることもある

そうだったのか…

いろんな理由がある
彼らの気持ちや状況をまず
受け取ること

↓

そこから どうしたいか聞く
私は何ができるか考える
クラスで起こっているトラブルは
それこそ解決しないといけないし

僕のことを無視する
人たちのことを
仲間とは思えない

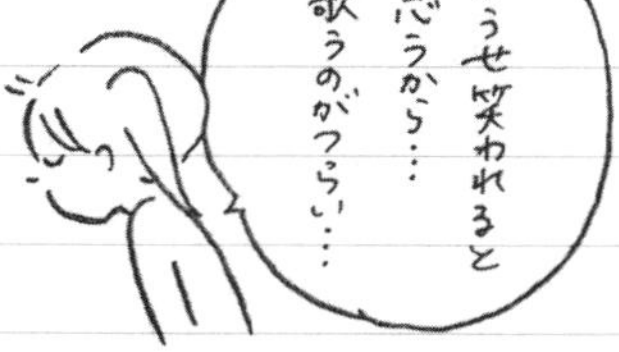
どうせ笑われると
思うから…
歌うのがつらい…

その子が持っている不安を
取り除いたり
完全には取り除けなくても
軽くしないと

輪に入ろうなんて
協力しようなんて
思えないだろうから

輪に入らない
協力しない子がいたら
いったい何が壁になっているのか
一緒に見つけよう

壁になっていることを
見直したり
変えたりしながら

その上で その子が
なりたい自分になるための手助けをしよう

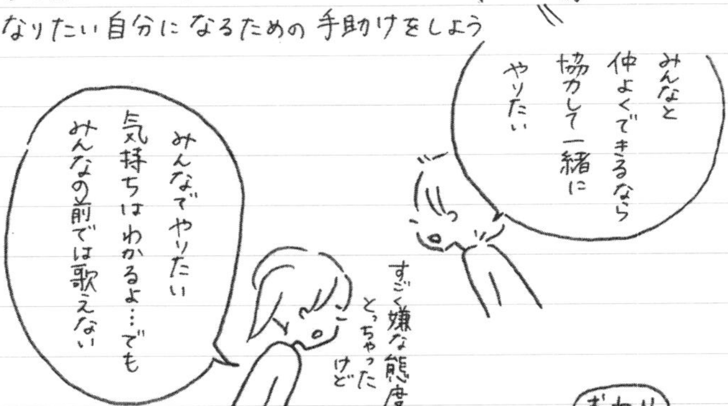

苦手をなくしたい

誰にでも
苦手なことがある

たとえば
忘れずに持ってくる
とか

「その子のためにならない!」と思ってくどくど叱っていたことも
あるけど

翌日

叱るだけじゃあ変わらなかった

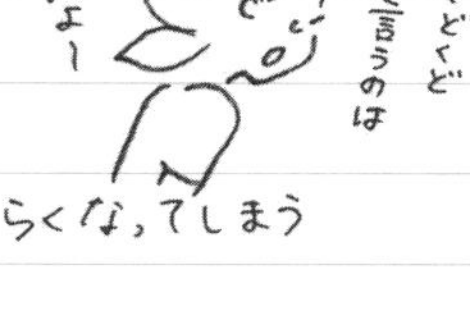

効果のない関わり方をしても
その子の苦手はなくならないし 私もつらくなってしまう

ダメなことはわかってるけど…
どうしたらいいかわからないんだよー…
そもそも その子だって 失敗してしまうことや
自分が苦手なことを どうでもいいとは思っていない
(程度の差はあれど)
忘れものを減らす
あそこをゴールにしよう!!
だから今は
ゴールを定めて
具体的な
方法を考える
ことにしている
家に帰ると気になるものがいっぱいあって忘れちゃう…
原因は何だろう
どうしたら
うまくいくだろう
他に方法はあるかな
学校でメモして
プリント
家に帰ったら目立つところに貼っておく!!
プリント
そういうのを 一緒に考えて
うんうん
うんうん
おはよう先生!!

持って来れたー!!

「できた」を一緒に喜ぶ

もちろん すぐに身につくことじゃないから
この作戦会議を繰り返しながら
「できた」をちょっとずつ増やして

でももう忘れないようにメモは作った
給食着
工夫したのはすばらしい!!

「できた」にならなくても
その子の「がんばる」や「工夫」を
認めていくと

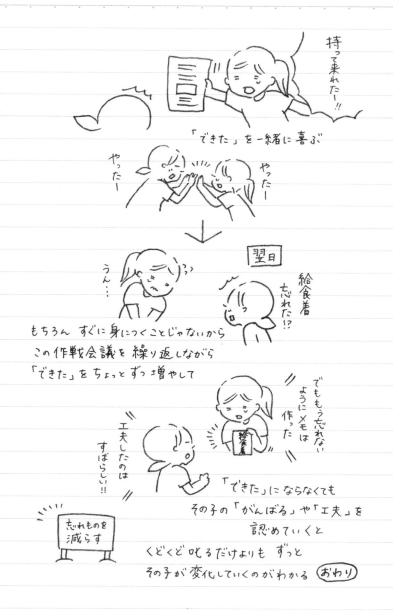

くどくど叱るだけよりも ずっと
その子が変化していくのがわかる おわり

みんながいるから

人前での発表が苦手な子

大丈夫だよ!!
…はい…
できるよ!!
じゃあ 今 手を挙げたみんな いってみよう!!!
おっ…
すぅ
僕の好きなものを紹介します それは○○です なぜかというと…
…だからです これで僕の好きなものの紹介を終わります!!
わあっ!!

○○が好きなんだね!!
読めたね!! よく聞こえたよ!!
すごいね!!
初めてできた!
がんばったね!!
パチ
パチ
パチ
わあーー!!!!
うん ね!!
先生ー
○○くんすごいなぁ できたなぁ
おかえりー!!
やったねぇ!!
○○くん 発表とてもよかったよ! 勇気出したね!!

うん!!
みんながいたから
できた!!

仲間っていいなぁ
学校っていいよなぁ
おわり

見ていてくれる

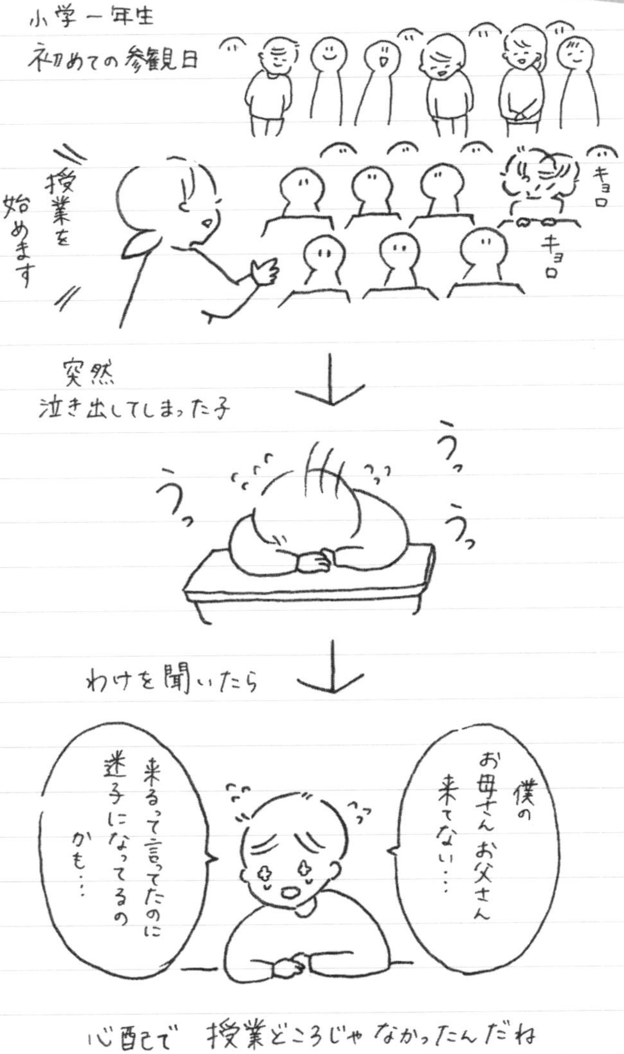
小学一年生
初めての参観日
授業を始めます
キョロ
キョロ
突然
泣き出してしまった子
うっ
うっ
うっ
わけを聞いたら
僕のお母さんお父さん来てない…
来るって言ってたのに迷子になってるのかも…
心配で　授業どころじゃなかったんだね

はい!!
しばらくずっと
こんな感じ
だったけど…
ねぇ!! ○○くんの
お父さんお母さん
来たよ!!
「見ていてもらえる」と
わかった瞬間
ハイッ
俄然 やる気になっていた
ハイッ
はい!
安心したんだね
うれしかったん
だよね

こんなふうに

大好きな人が 見ていてくれる というのは

安心できて
自信や勇気になり
パワーの源になることが
あるんだなと思った

↓

「見ていてくれる」が わかる機会

大切にしたい

おわり

COLUMN2

学校の行事

一年を通して様々なイベントがある学校生活。教師目線で、どんな冒険が始まるのかとワクワクすることばかりです。

【入学式・新年度始業式】

緊張している一年生や、新しく受け持つクラスの子どもたちの表情を見ながら、私もドキドキ。これから始まる一年が、益々楽しみになります。

【遠足】

徒歩遠足やバス遠足などで、学年全体が学校の外に出る一大イベントです。下見や準備は大変ですが、学校にいる時とはまた違う子どもたちの顔が見られて楽しい。前日に教室でてるてる坊主を作る子もいます。

【運動会】

私が子どもの頃は秋にやっていたイメージですが、最近は暑くならない春のうちに実施する学校が多いように感じます。子どもたちが自分の目標に向かって取り組み、体を動かすことを楽しんでいる姿を、ご家族や地域の方にも見てもらいたいなと思っています。

【学芸会・学習発表会・文化祭】

学習してきた成果や、クラス・クラブ活動などでそれぞれ取り組んできたことを発表します。その子が好きなことや夢中になっていることを誰かに知ってもらえて、その子の生き生きとした表情を見られるのが、私の楽しみです。

【児童会祭り】

委員会ごとに出し物をしたり、日頃の活動を知ってもらうブースを作ったりするお祭りです（内容は学校による）。子どもたちから案を出してもらい、先生たちも一緒に準備します。全校行事でもあるので大変ですが、楽しみにしている子の多いイベントです。

【卒業式】

最上級生を送り出す、お別れの時です。どの子もみんな晴れやかな気持ちで、希望を持って卒業して行けるようにと思っています。自分が担任した子ではなくても、一人一人の顔を見て、幸せにねと願う毎年です。

その3
周りを見れば

同僚や保護者の方は、

私のパートナーでありアドバイザーであり、

お手本であり憧れであり……

たくさん支えられています。

やってほしいと思ったら

この仕事を始めたばかりの時
こんなふうに言われたことがあった

きれいにぞうきんがけをしてほしいと思ったら

まず あなたが
やって見せなさい

手伝ってあげてほしかったら

そんな姿を
まず自分が見せなさい

周りの人は見ていてくれる

そして その姿から
「やり方」や「よさ」を
感じていくはずだから

いいことだと思ったら
まず自分からやることを
続けるんだよ

今でも 大事にしていることだ

おわり

すぐ叱らない

他のクラスの授業を見学した時のこと
こんな図があります 何か気づいたことはあるかな？
うわっ!! 変な形ー!!! だっせぇ!!!
授業で担任の先生の言動に強い反応を示す子がいた
しかし 担任の先生は それにはまったく 取り合わず
なるほど
うんうん
三角形だ!!
直角があるよ
授業を進めていった
授業後に聞いてみた
先生あの時のあの子の発言はどう思われていたんですか？
私ならすぐ「静かに」って言っちゃいそう…
あぁ あの場面ね

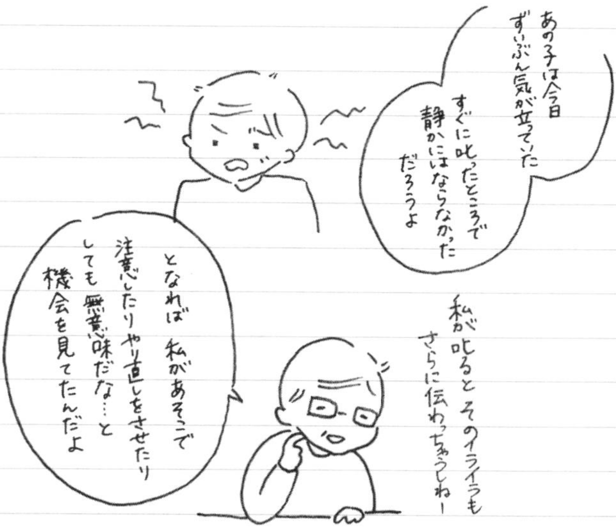
あの子は今日
ずいぶん気が立っていた
すぐに叱ったところで
静かにはならなかった
だろうよ
となれば 私があそこで
注意したりやり直しをさせたり
しても無意味だな…と
機会を見てたんだよ
私が叱るとそのイライラも
さらに伝わっちゃうしねー

↓

たしかに
先生は授業を進めてから
他の子たちが問題を解いている時に
そっとその子のところへ行って何かを話していた

伝える機会を待って
クラス全員の前でなく 強く伝えるのでなく
個別に静かに伝えていた

↓

コラ!!

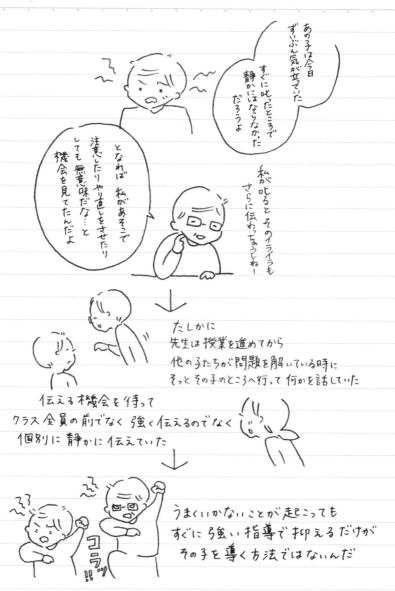

うまくいかないことが起こっても
すぐに強い指導で抑えるだけが
その子を導く方法ではないんだ

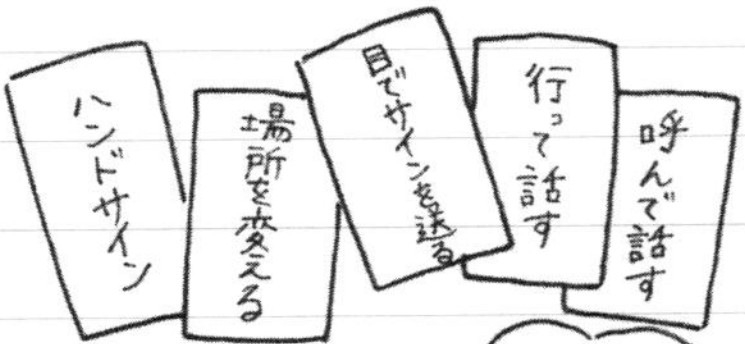
ハンドサイン
場所を変える
目でサインを送る
行って話す
呼んで話す

叱らないで伝えるには
いろんな手がある

そして
それを使う機会を
見ている

全体のため
その子のため
あと 自分のため

今伝えてもダメだ…
気持ちが落ち着いて
話ができるように
なったら…

先生はいつも
一番いい方法は何かって
瞬時に考えて動いているんだ

↓

はいよ

今回はすぐに叱らないということで
彼の気持ちが落ち着くのを待つというよさと
先生も興奮しないで伝えられるというよさが
あったのだなと思った

↓

まだ少ないな…

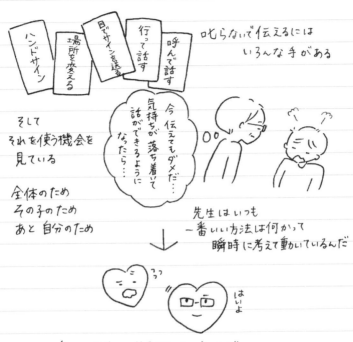

私はできているかなー
手札もまだ少ないけど
考えてやっていきたい おわり

困った行動には

毎日繰り返してしまう

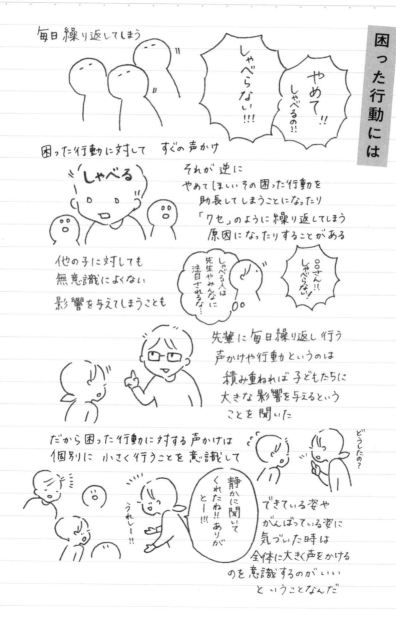

しゃべらない!!!
やめて!!
しゃべるの!!

困った行動に対して　すぐの声かけ

それが逆に
やめてほしいその困った行動を
助長してしまうことになったり
「クセ」のように繰り返してしまう
原因になったりすることがある

他の子に対しても
無意識によくない
影響を与えてしまうことも

しゃべる人は先生やみんなに注目されるな…
○○さん!! しゃべらない!

先輩に毎日繰り返し行う
声かけや行動というのは
積み重ねれば子どもたちに
大きな影響を与えるという
ことを聞いた

だから困った行動に対する声かけは
個別に小さく行うことを意識して

どうしたの?

静かに聞いてくれたね!! ありがとー!!!
うれしー!!

できている姿や
がんばっている姿に
気づいた時は
全体に大きく声をかける
のを意識するのがいい
ということなんだ

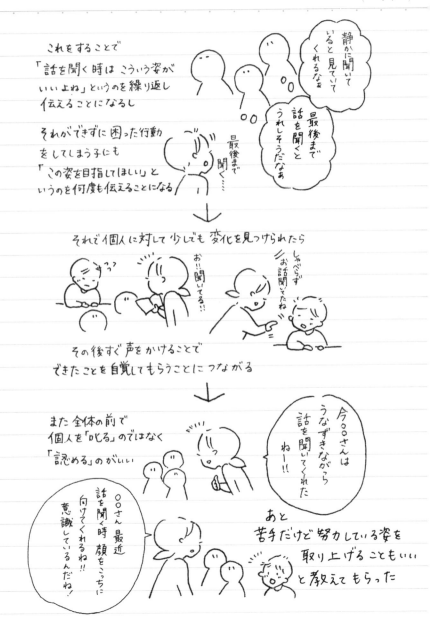

これをすることで
「話を聞く時は こういう姿が
いいよね」というのを繰り返し
伝えることになるし

それができずに困った行動
をしてしまう子にも
「この姿を目指してほしい」と
いうのを何度も伝えることになる

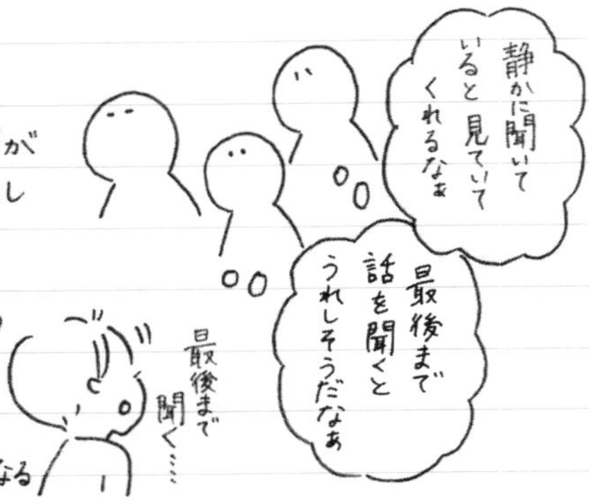

静かに聞いていると見ていてくれるなぁ
最後まで話を聞くとうれしそうだなぁ
最後まで聞く…

↓

それで個人に対して少しでも変化を見つけられたら

お!!聞いてる!!
しゃべらずお話聞いてたね

その後すぐ声をかけることで
できたことを自覚してもらうことにつながる

↓

また全体の前で
個人を「叱る」のではなく
「認める」のがいい

今○○さんはうなずきながら話を聞いてくれたねー!!

○○さん最近話を聞く時顔をこっちに向けてくれるね!!意識しているんだね!

あと
苦手だけど努力している姿を
取り上げることもいい
と教えてもらった

最後に先輩は

毎日繰り返すものに
子どもたちは大きな
影響を受けると
思いますから
繰り返すなら
いいものをです!

こんなふうに声かけ一つでも
意味があり 効果があり
積み重ねで大きな力になることを知った

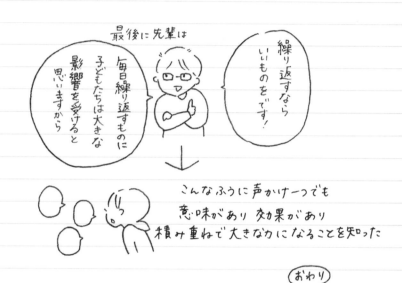

おわり

私だから

ほたろう先生
〇〇さん最近
調子悪いんだって?
聞いたよー
元担任
現担任
困ったねー
どうしてそうなったんだろう…
僕が受け持ってた時は
そんなことなかったのになー
グサリ…
私のやり方が…
私が原因で…
違う違う
学年が上がれば
成長もするし
誰でも 変わるし
それにさ

ほたろう先生にだから
そのモヤモヤを
見せてるのよ
「一緒に解決してー!!」って
叫んでるのよ
きっとね

前の担任には
見せられなかったけど
私には見せてくれたって
そう思いなよ

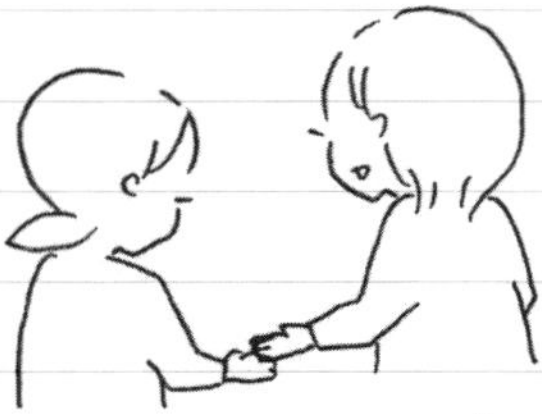

そう思って
一生懸命
その子に
向き合いな

そしたらきっと
大丈夫だから
一緒に解決できるから
今よりもっと成長させて
あげられるから
ほたろう先生だから
できるのよ

おわり

「話を聞く」の伝え方

はい
静かにしてー!!
わい
わい
わい
お話始まるよ!
聞いてくださーい!!
静かにー!

中学一年生のクラスを受け持っていた時
初めての学年集会で
子どもたちのテンションが高くて
なかなか静かにならなかった

それを見ていた

当時の主任の先生

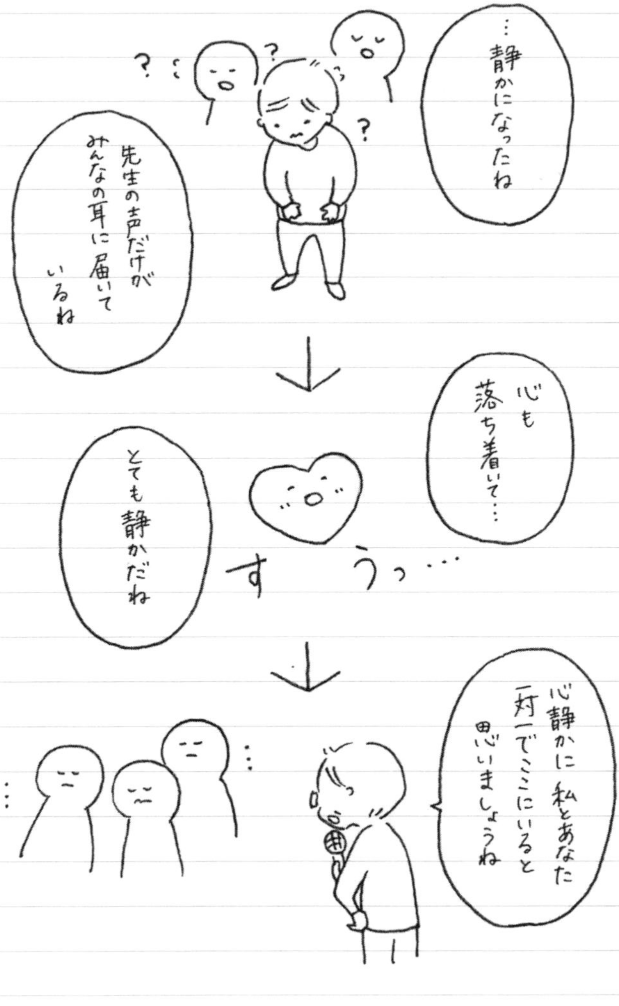
…静かになったね
先生の声だけが みんなの耳に届いて いるね
心も落ち着いて…
すぅっ…
とても静かだね
心静かに 私とあなた 一対一でここにいると 思いましょうね

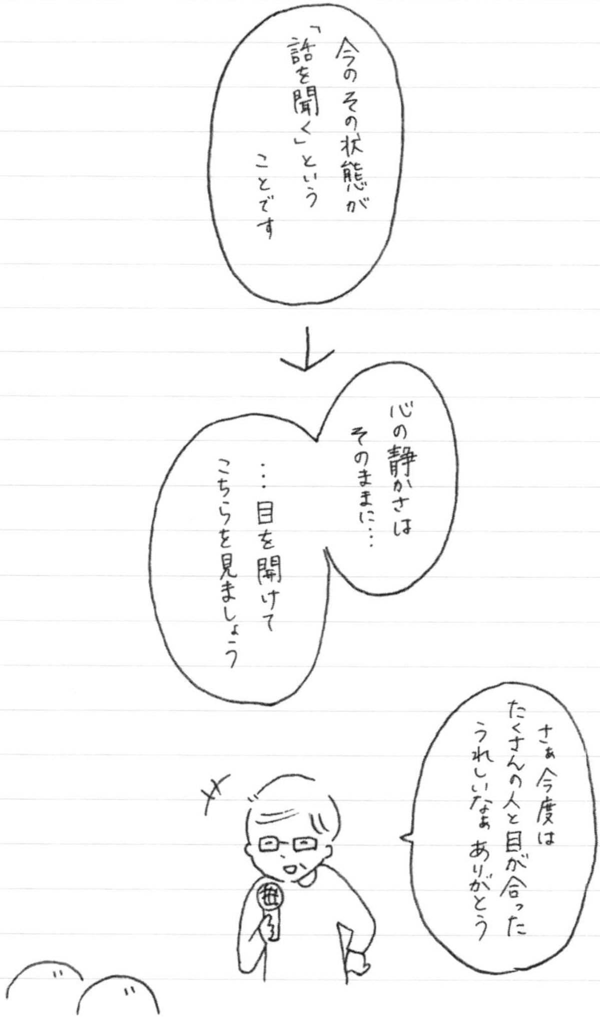
今のその状態が
「話を聞く」という
ことです
心の静かさは
そのままに…
…目を開けて
こちらを見ましょう
さぁ今度は
たくさんの人と目が合った
うれしいなぁ ありがとう

これから大勢で
集まって話を聞く機会が
たくさんありますが
今のこの
話の聞き方を
忘れないでくださいね
じっ
・・・
・・・

↓

たった1〜2分の
出来事だったけど
子どもたちも とても 落ち着いたし
「話を聞く」時の心の準備の
仕方もわかったのだと思う

(おわり)

自分の中に節を作る

職員室で同僚と話していたら 思い出した

私が 小さい頃に聞いた
校長先生の お話

↓

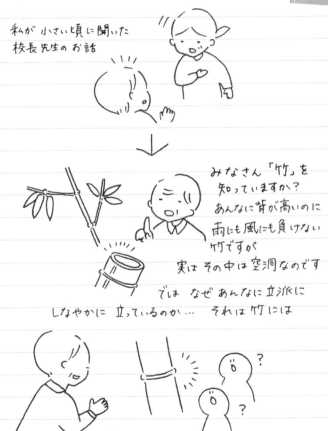

みなさん「竹」を
知っていますか？
あんなに背が高いのに
雨にも風にも負けない
竹ですが
実は その中は空洞なのです

では なぜ あんなに立派に
しなやかに 立っているのか… それは竹には

「節」が あるからです

ここに 紙で作った四角形が あります

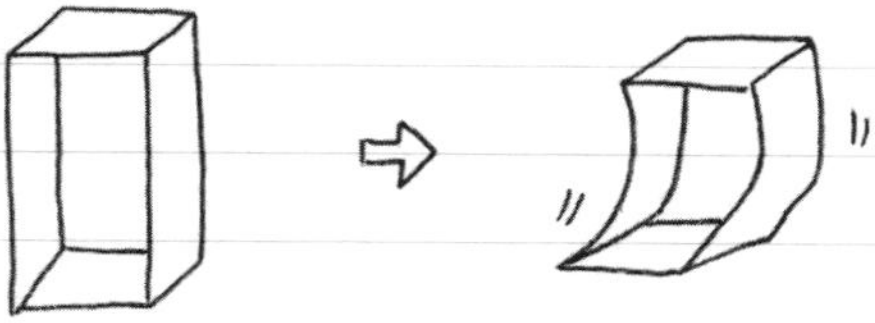

やわらかい 紙なので 自分で 立つことができず
すぐに 倒れてしまいます

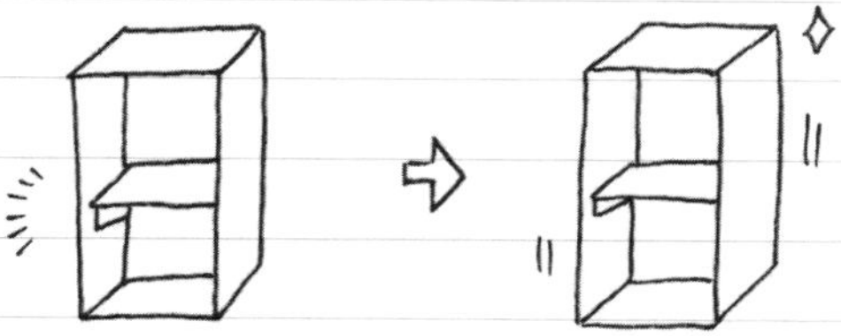

ところが 同じ紙で 節を間につけると…
どうでしょう 紙は自分の力でしゃきっと立っているように見えます
節が 支えになっているからです

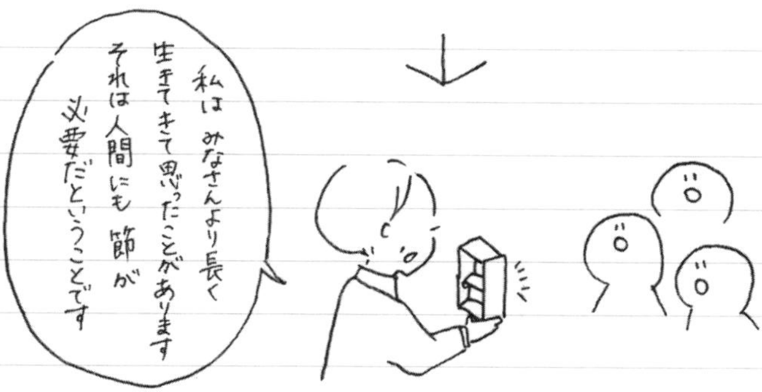

私は みなさんより長く
生きてきて思ったことがあります
それは人間にも 節が
必要だということです

人の心と体も成長しますが
支えがないと倒れてしまったり
ポッキリ折れたりしてしまいます

体はごはんをたくさん食べて
運動すれば強くなります
でも心を強くするにはどうしたらいいでしょうか
すぐにへこたれない心を持つには
自分で自分を支えるものが必要です

それが節です
心の支えになる節のある人は
きっと失敗しても苦しくても乗り越えてさらに伸びていける

…だからみなさんにも自分を支えてくれる節を心の中にいっぱい作ってほしいと思っています

では自分を支える節とはいったい何でしょうか…
そしてそれはどのように作るのでしょうか… 私はこう考えます

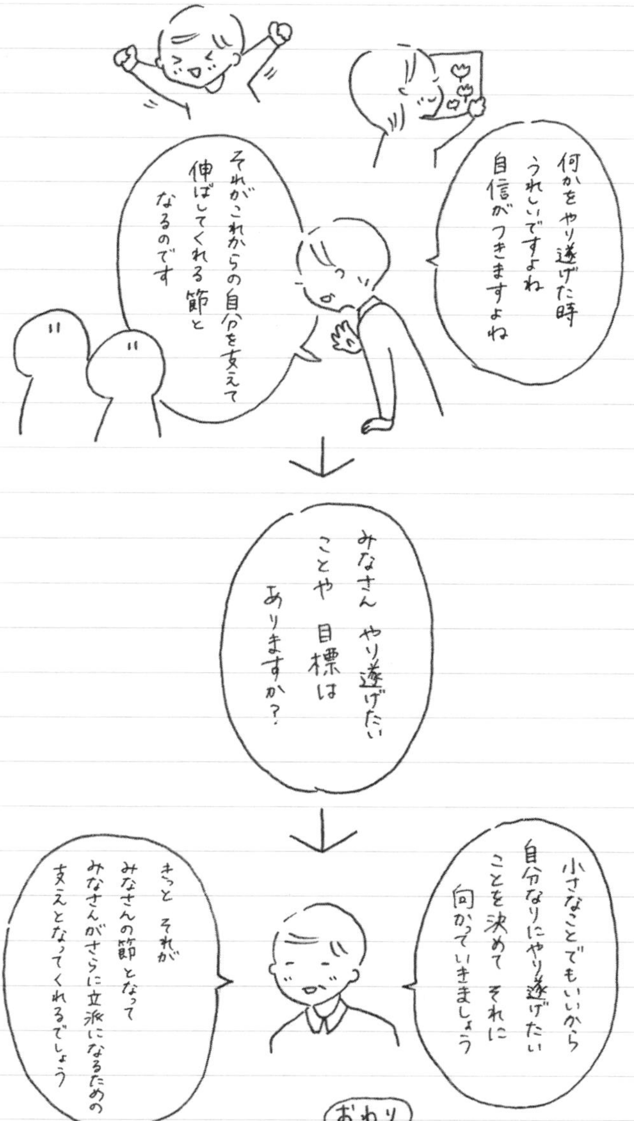
何かをやり遂げた時
うれしいですよね
自信がつきますよね
それがこれからの自分を支えて
伸ばしてくれる節と
なるのです
みなさん やり遂げたい
ことや 目標は
ありますか?
小さなことでもいいから
自分なりにやり遂げたい
ことを決めて それに
向かっていきましょう
きっと それが
みなさんの節となって
みなさんがさらに立派になるための
支えとなってくれるでしょう
おわり

あたたかい言葉

あ‼○○さんのお母さん
こんにちは！
偶然‼
先生‼
先生 いつも うちの子がね
「先生はいつも笑顔だよ」って教えてくれてね
先生もきっと苦しいことも悲しいこともたくさんあるのに
枕をぬらすことだってあるんでしょうに

いつも いつも
子どもたちに 元気を
くれて
ありがとね!
先生!!

↓

来週もまた
よろしくお願いします

何気ない時
何気ない言葉
だったけど

↓

その あたたかい言葉は　　じわじわ

私の心を あたためてくれた

家に帰ってからも
ずーっと うれしくて

枕をぬらした 笑

おわり

COLUMN3

職員室の中

職員室で、教師がしている様々なこと。
その中のほんの一部をご紹介します。

学校全体に関する仕事

今の私の場合、理科室の薬品管理と使用記録、交通安全教室の実施や交通安全週間の計画運営、学年費の会計などを担当。学校全体に関わる仕事を、分担して個人やチームで行っています。

教材研究・授業準備

小学校では毎日6時間の授業があります。理科や音楽は専科の先生が授業をすることもありますが、毎日5～6時間分の授業内容を考えるのは時間がかかること。同じ学年の先生と相談して、自分のクラスではどんな授業をするといいか考えています。

職員会議や連絡相談研修会

行事や各学年で行うイベントは職員会議で協議し、内容を決定します。大きな行事だけでなく、「○○週間」と呼ばれる季節のイベントや、児童会やクラブ活動の内容も協議します。子どもたちの様子を共有したり、研修会が行われることも。

テストの採点・一日の記録

その日に実施したテストを採点し、成績に関わる記録としてデータ化します。私はテスト後の授業時間内に採点する方法をとっているので、あまり職員室で採点はしませんが、記録は必ずその日のうちにするようにしています。また、その子の出欠席や授業の感想など、一日の記録もつけています。

情報交換・懇談

日中は忙しいので、同僚とゆっくり話をする時間が持てません。そこで、放課後の職員室で相談したり、情報をもらったり、アドバイスをし合ったりしています。また職員間だけではなく、児童のご家族と電話でお話ししたり、学校で（または家庭訪問して）懇談の機会を持つこともあります。

プリント作成・印刷

上記のように、様々な仕事を職員室でしていますが、多くの場面でプリントが必要になります。私の場合、授業だけでも毎日3種類ほどのプリントと、週に1、2回配っている学級通信があるので、よく使っています。職員室の印刷機は、放課後も毎日フル稼働です。

その4

これまでと これから

生活のいろんなところに、自分が自分らしく

生きていくためのヒントがあると思います。

私が教師をしていて出会った、

たくさんのヒントをおすそわけします。

ハァー
見て見てー!!

ショップ店員さんのワザ

休日に買いものをしている時

「買う」か「買わないか」で悩んでいたら

店員さんが似たようなものを持ってきてくれて「どっちがいいですか〜?」と選択肢を作った

するとさっきは「買う」「買わない」の二択で迷っていたのに

AとB 買うならどっちにしようかな
という二択で迷うようになった！

どっち
買おう？
試着してもいいですか？

私の買いたい気持ちを
うまく引き出した店員さんのワザ
私もこのワザを何かに使えないかな

↓

たとえば 行かなきゃいけないのに
本人が迷っている時

行かないの!?
行くの!?

↓

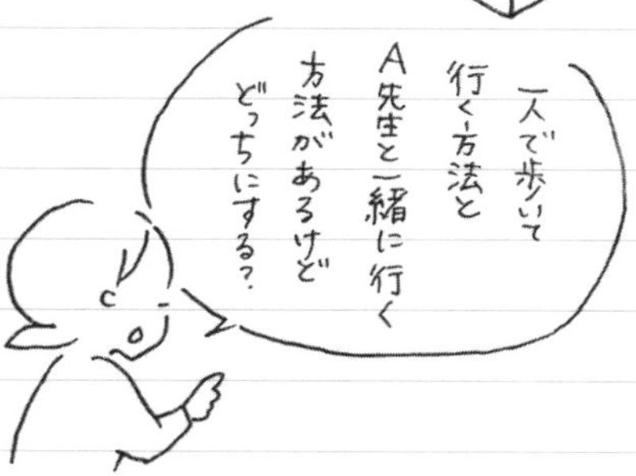

一人で歩いて行く方法と A先生と一緒に行く方法があるけどどっちにする？

こんなふうに
「行かない」という
選択肢を
出さずに
「行く」選択肢の
中から選んで
もらうようにすれば

じゃあ そうしよう
A先生と一緒に行く!!

「行かない!」に こだわって
しまうことも 少なくなるかも

↓

いいもの買えたなー

相手に本当は「○○したい」という
気持ちがある時や
気持ちが予想できる時に
限られるかもしれないけど
このワザが役に立つことが
きっと あると 思う

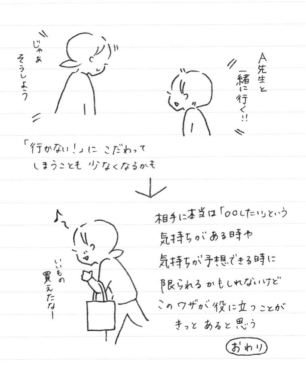

おわり

欠点、あら、ミス

自分なりに努力した仕事が

無事に終わったところで

かけられた上司からの
一言が

これだった時

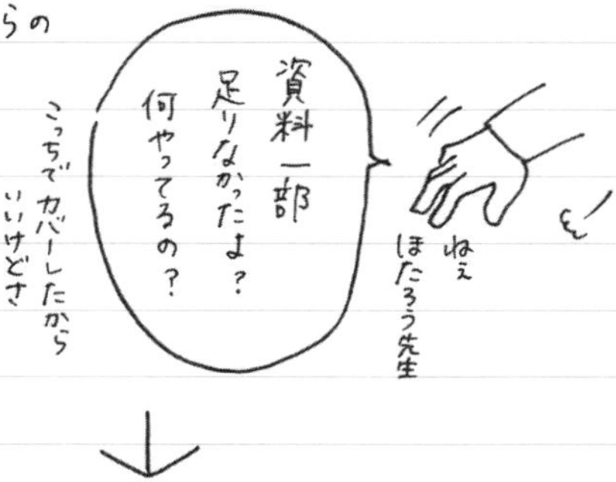

資料一部
足りなかったよ？
何やってるの？
こっちでカバーしたから
いいけどさ
ねぇ
ほたろう先生

ほめられるために

やった仕事では

ないけど

「そこしか見て
もらえなかったのか」と

切なくなった

自分のダメなところ その一面しか見てもらえないということは
こんなに傷つくんだなぁと 改めて思った

↓

ふと 私も周りにそんな言動をとっていないかなと考えた

まず その人を
「そうか!」と そのまま
受け入れることが大事
一部分だけを見ないこと

これができないと
子どもたちだって やっぱり傷つくだろうな

欠点やあら ミスは

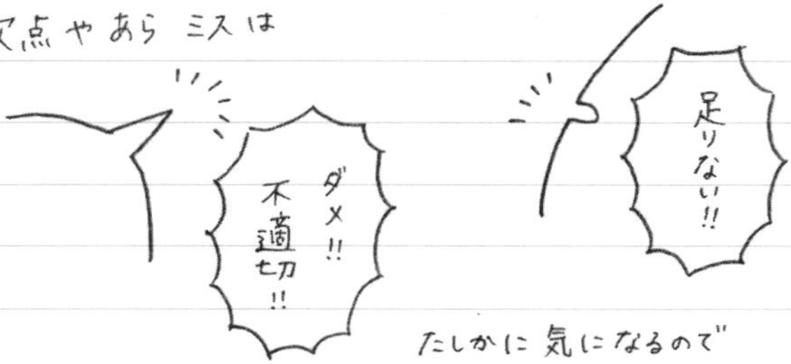

たしかに気になるので
つい目が行ってしまうけど

そこばかりに とらわれないで
いろんな面に目を向けられる人でいたい

おわり

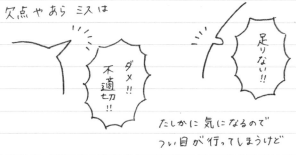

仲よしって

仲よしって いつも 一緒で 距離が近くて
相手のことなら 何でも 知っている
そういう関係 かな

↓

それも もちろん あるかもね

でも実は そうじゃなくて
それだけじゃなくて

簡単にいうと
「気持ちのいい距離感の人」を
仲よしって 呼ぶと思うんだ

↓

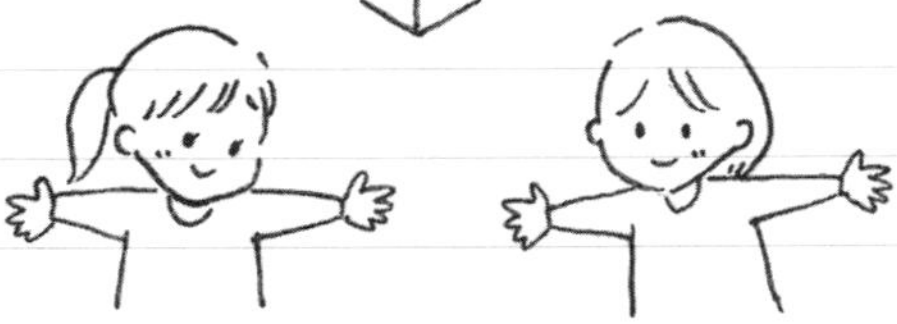

お互いに 傷つけ合わない
ちょうどいいところを知っているのが 仲よし

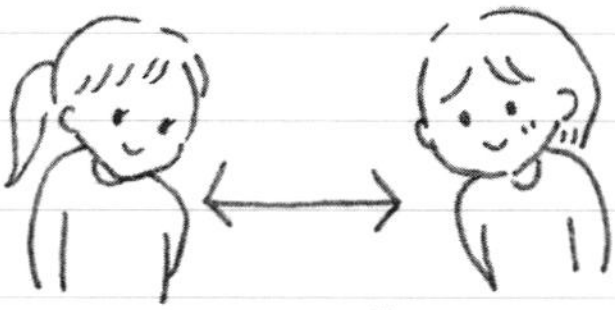

私とあなたなら
この距離だと気持ちが楽だね
この距離なら居心地がいいねって

お互いに「知ろう」「わかろう」とするのが 仲よし

↓

それを みんなが
大切にできるクラスが
仲よしなクラスになるんだ

↓

私も 小さい頃は
距離が近くて
お互いのことを何でも知ってる
特別な関係だけが
仲よしなんだと思ってた

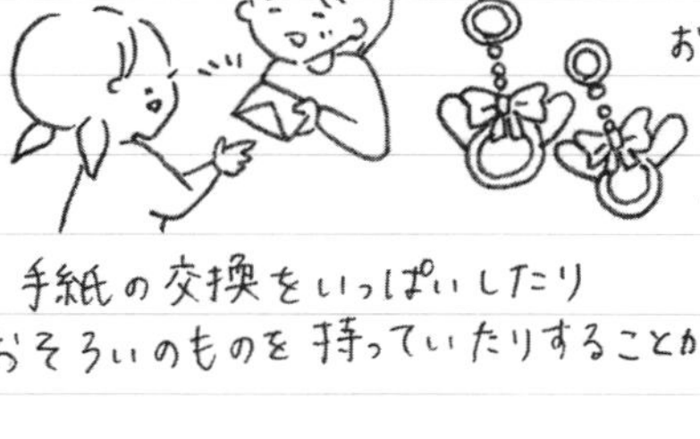

手紙の交換をいっぱいしたり
おそろいのものを 持っていたりすることが 仲よしなんだと思い込んでいた

だけど 大人になって わかったのは
いろんな距離の「仲よし」が あるということ

年に1回しか会わない人もいるし
テレビ電話でしか会えない人もいる
4年間会っていない人もいるけど みんな変わらず大事な人だ

↓

人との関係に悩んだら
その人との距離について考えて
探ってみるのがいいかもしれない

↓

お互いに 居心地がよくて
傷つけ合わない

大事にし合える
「仲よしの距離」は
きっと あるから

おわり

嫌いって思ってもいい

小学生の時
友達とうまくいかなくなった

嫌いだなって思った

でも「嫌い」って思ってしまった自分のことも嫌で

↓

一人で抱えられなくなって

お母さん 私ね…
何ー？

ある日 母に何気なく伝えた

↓

○○ちゃんのこと
嫌いかもしれない…
ドキドキ
あれー
前は仲よかったじゃなーい

否定されるかなと
思ったら

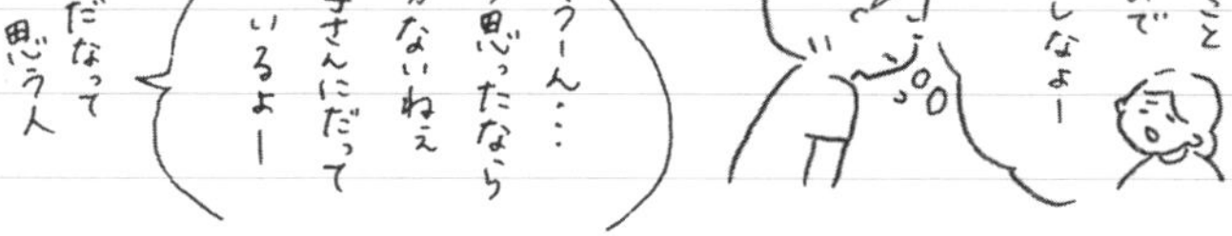
そんなこと
言わないで
仲よくしなよー
うーん…
そう思ったなら
仕方ないねぇ
お母さんにだって
いるよー
嫌だなって
思う人

今はそういう時
なんだなーと思って
ちょっと離れてみるといいよ

てっきり 私は

↓

「みんな仲よく」するのが
あたりまえ だから
嫌いって思うことはダメなことで
怒られるの かなと思っていたけど
そうじゃ なかった

↓

いいんだ
嫌いって思っても
私がダメなわけじゃないんだ
そう思えて ホッとした

人は 一人一人 みんな 違う形だから

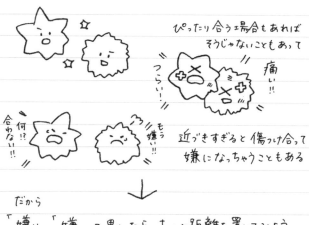

ぴったり合う場合もあれば
そうじゃないこともあって

つらい!
痛い!!

合わない!!
何!?
もう嫌い!!

近づきすぎると 傷つけ合って
嫌になっちゃうこともある

↓

だから

「嫌い」「嫌」って思ったら ちょっと距離を置いてみよう

↓

このままじゃ
傷ついちゃうから
ちょっと離れたい

自分の気持ちに従ってみよう

「嫌いだな」「嫌だな」と思うことは ダメじゃない
みんなに あること だから それで いいんだ (おわり)

長所を育てることに時間を使おう

誰にでも 長所・短所

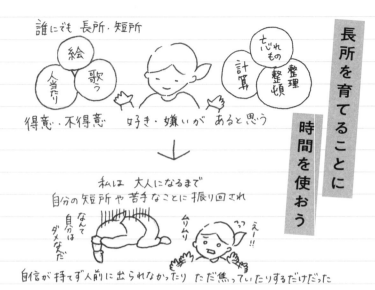

得意・不得意　好き・嫌いが あると思う

↓

私は 大人になるまで
自分の短所や苦手なことに振り回され

自信が持てず人前に出られなかったり ただ焦っていたりするだけだった

↓

だけど
大学へ行ってから 自分が好きなこと
得意なことを存分に生かせる場に
出会えて とても自信がついた

弱点をゼロにすることは無理だと
わかっていたから 代わりに
なるべく困らない方法を考えたり
周りに頼ったりすることにした

もっと前からできてたら
もう少し自信を持って
生活できていたのかな…

短所ばかりを気にして
直すことやゼロにすることばかり考えるより

長所を見つけて生かすほうが
いいんじゃないかな

だとしたら学校でも
短所ばかり指摘して直そうとするのではなく

長所を見つけたり
それを伸ばせる場所や
機会をたくさん作るのが よいのではないかなと思う

○○くんは絵が得意なんだね!! もっと大きい紙あげようか
○○さんは元気にあいさつできるね!

短所や苦手なことは
それと付き合っていくための方法を
教えてあげよう

整理が苦手なら もらった紙はすぐに ファイルに入れると いいね!

短所ばかりに
時間を使わないように

長所も短所も
大事な自分の中身

だけど特に長所を育てることに
意識を向けていきたい

おわり

力の使い方

私が小学生の
時のこと

同級生と面白がって
ある先生に
いたずらをしてしまった

↓

その時のことが
忘れられないのと
思い出すきっかけになる
出来事があったので

描いておきたいと思う

↓

いたずらに
ひっかかった
先生は

ゆっくり　いたずらに使った
道具を拾い上げて
真剣な顔をしていた

はっ…!!

ここでやっと「いけないことをしたんだ！」と気づいて
「怒られる!!」「やってしまった!!」と思った

みんなが使ったものは
クラスのものだね
クラスのものや誰かのものを
いたずらに使った
それはよくない
それは許さないよ
だけど…

このいたずらを
自分たちで思いついて
協力してやろうと
したんだね
どうやったら
成功するかって
考えた？
うん

正直 私は
いい思いはしなかったよ
びっくりしたし ものを
こんなふうに使われて
悲しかった
だけど
3人が協力して
誰かをびっくり
させようと考えた
ことは すごいこと
だと思うよ
だから3人の力は
今回みたいに人を不安に
させたり悲しませたりする
使い方じゃなくて
危なかったしね…

いたずら自体は
怒られたけど
こうやって教えてもらったことで
私は素直に話を聞けて
「人を喜ばせる」ぞ
という方向に
気持ちや行動を
向けるようになった気がする

誰かを喜ばせたり
楽しませたりするびっくりに
使うべきなんだよ!!

↓

子どもたちの「困ったな」という行動にも
必ずその子の「力」が隠れている
その「力」をどう使うのか
どういうところで生かせるのか
一緒に見つけていくのも
私の仕事だと思う　おわり

おまけ
その後
3人でお楽しみ会の
企画係をやった

立候補だったのか
先生に任されたのかは
覚えていないけど…

力を使える場所をもらったのかなって今になって思う

連休明けのゆううつ

私も学生の頃
連休明けの学校に
行きたくないって思ったことがあった

↓

昔の私と同じように
感じている人も多いと思う
そんな人に届くといいなと思って
私の経験を描きたい

↓

別にいじめられていた
わけではないけど
長い休みが明けて学校へ行くと

おはよー!!

おはよー!! 久しぶりー!!
あ おはよ!!
…

ここには
自分の居場所が
ないような気がして

それもっと聞かせてー!!
…でさー…

私なんて いても いなくても
一緒だよなっていう気持ちが
どんどん 出てきて

周りに人がいるほど
友達と一緒に
いればいるほど
自分は益々一人だって感じるようになって

本当に本当に
ゆううつだった
早く学校終われー!!って
思っていた

↓

同じような気持ちで
今日学校に来たあなた

私は今日会えて うれしかったよ

明日も一日あるけどさ
やることがなかったら お話ししよう
私でよかったら 教室にいるから

保健室に行くのもいいよね
ホッとしながら お話しできるところが あるといい

私が学生の時はモヤモヤしたら
音楽室に行ってピアノを弾いたり
図書館に行って本を読んだりしていたよ

たまに図書館の先生と本の話をしたり
放課後に市立図書館に行ったりもしたよ

↓

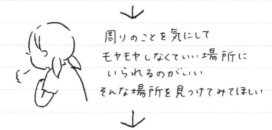

周りのことを気にして
モヤモヤしなくていい場所に
いられるのがいい
そんな場所を見つけてみてほしい

↓

あと 自分の気持ちは口に出してみるのがいいよ

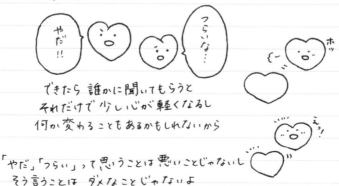

できたら 誰かに聞いてもらうと
それだけで少し心が軽くなるし
何か変わることもあるかもしれないから

「やだ」「つらい」って思うことは悪いことじゃないし
そう言うことは ダメなことじゃないよ

こうやって不安定になっちゃう時は
一生懸命泳ごうとしなくても
いいと思うから

浮いているものに つかまって おぼれないようにだけしておけば
いいと思うから

そのうち足がつくようになって
安心して進めるように
なる時が来るから

今は ぼちぼち 行こうね

…なんていう私も
大人になった今も連休明けはちょっとしんどくて
一日がんばって過ごしている

この気持ちが昔の自分とつながって
きっとこういう思いの人はいっぱい
いるんだろうな と思って

自分も含めそんな人を励ますことができればいいなと思って
これを 描いてみた

おわり

先生になろう

学校の先生になりたいと思ったのはいつだっただろう

高校生の頃
この絵描いたの ほたろうさん？
はい そうです
文化祭の看板↑
ほたろうさん 進路迷っているけど… 教育関係だよね？
きっと 生きると思うよ この力は
大学生の頃
えー!! 迷ってんの!?
うん
そっかぁ…
まぁでも
ほたなら 何やっても 大丈夫だよ
振り返ってみると 周りとの関わりの中から
ちょっとずつ「先生っていいな」「なってみたいな」って思うように
なったんだな
おわり

子どもたちの世界

私が子どもの頃

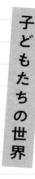

同じ学年の中にいくつものグループがあって
そこには見えない上下関係のようなものもあって

下になったり 上になったり … そして

それは自分たちでも
気づかないうちに
作られて
しまっている

先生には見えない

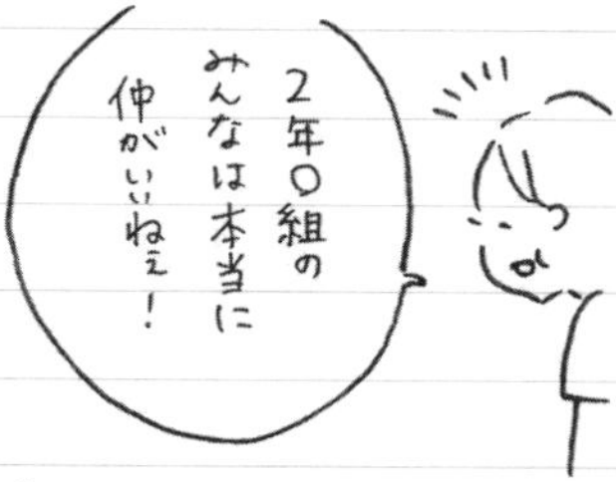

2年○組のみんなは本当に仲がいいねぇ！

子どもたちの世界がある

↓

教師になってからも
当時のことを忘れないようにしている

どんなに仲よく見えても

どんなにまとまっているように感じても
私には見えない子どもたちの世界があるんだと思っている

↓

だけど
私が学生時代に感じた
気持ち悪い上下関係を
教室の中には作りたくないなと思って
そのために意識していることがある

私が上下をつけないこと
そう思われることをしないこと

子どもたちがお互いを
よく知ること

違いを
認め合うこと

クラス一人一人の出番があって活躍できること

そういう環境を作りながら
自分を認めて他人を大切にできる心を
一緒に育てていくこと

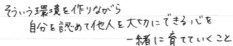

こんなふうに考えていたけど　どうなのかな

子どもたちの世界を

私がすべて見ることはできない
だから その分当時を思い出して 想像して よく見て

↓

彼らの世界が 心地いいものになるように
自分たちの力で 心地いいものにしていけるように
大人として 関わっていきたい

おわり

心の傷

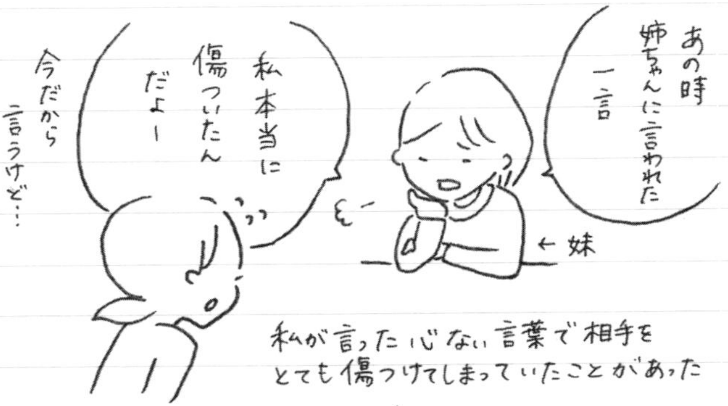

あの時姉ちゃんに言われた一言
← 妹
私本当に傷ついたんだよー
今だから言うけど…

私が言った心ない言葉で相手を
とても傷つけてしまっていたことがあった

↓

だけど それを言った
私は覚えていなくて
言われてから「あっ!」って
気がついた

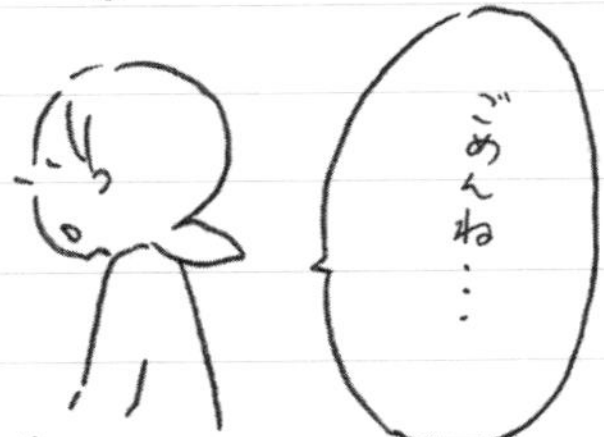

言ってくれたから 謝れたけど
そうじゃなかったら 本当に忘れていて思い出すこともなかったかもしれない

↓

こうやって傷つけてしまった側は
大したことないと 忘れてしまって

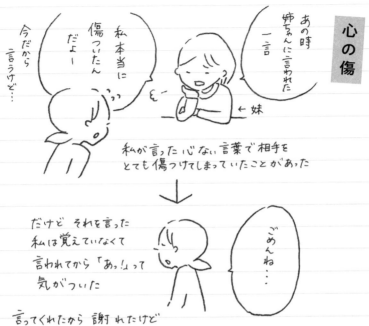

傷ついた側には ずっと残ってしまっていることがある

いくら 分かったとしても
相手の心を傷つけてしまったことは間違いなくて

身内やどんなに仲がよい人が相手だとしても
こういうことは起こっている

今の私が覚えていないだけで
他にも 本当は どこかで
誰かのことを
傷つけてしまったことが
あるんだろうな

一度心についた傷は
なかなか 消えてなくならない
過去に戻って「やっぱ今のなし!」
なんてことはできない

心は見えないけどたしかに傷がつくということを忘れないでいたい

おわり

変化を乗り越えるために

新しい環境ってとてもストレスだ
慣れ親しんだものとさよならし
新しい人間関係を
ゼロから作る
ルールも変わって
仕事も変わって
交通安全の係
やったことないなぁ…
でも明日には資料が
必要だし…
ほたろう先生
ごめんね この学校は
先に○○に回すんだよー
すみません
そうなんですね!
全部 手探り状態
春休み中のお昼休憩で
一緒にお昼を食べるのも
お茶をするのも
失礼します
去年の話をしてるな…
輪の中に入っていくの
難しいな…
去年の
今頃さー
あー
そうだった
そうだった
何だか緊張するし
ほたろう先生!!
ゴミはこっちの
部屋だよー!!
どこ…
はっ
こんな小さいこと
聞いてばっかじゃ
迷惑かな…
すみませーん!!
お弁当のゴミ
ゴミ箱の位置すら知らないから
何から何まで頼ってしまって 申し訳ない気持ちでいっぱいになる

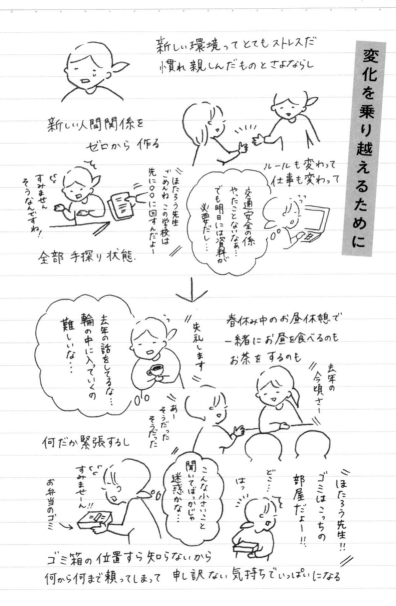

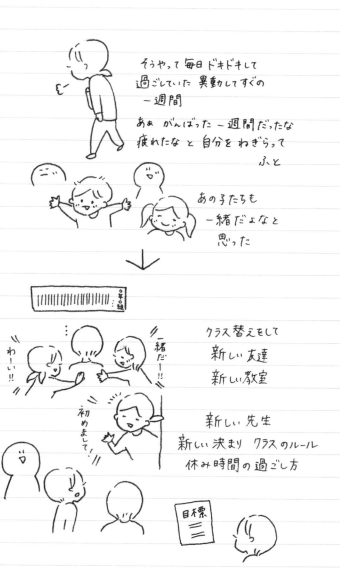

そうやって毎日ドキドキして
過ごしていた異動してすぐの
一週間

ああ がんばった一週間だったな
疲れたな と 自分を ねぎらって
ふと

あの子たちも
一緒だよなと
思った

クラス替えをして
新しい友達
新しい教室

新しい先生
新しい決まり クラスのルール
休み時間の過ごし方

いっぱい　いっぱい

変わったよね　とまどうよね

たくさん　がんばったし
それでも　まだ　不安だし

↓

だから　私は　そんな子に
気づける　自分でいたい

一人にしない
不安にしない

がんばっているところを
見ておいて伝えたい

↓

私がしてもらったみたいに

大きな変化を乗り越えるには
支えがないとね

新しいクラスの子たちに
出会って
そんなふうに過ごして
二週間くらい
経った時
外に遊びに行こう!!
やった〜!!
遊ぶよー!!
わーい!!
鬼ごっこしよー!!
先生も一緒に遊べるー!?
先生!!
この学校に来てくれてありがとう!
子どもたちから こんなふうに
声をかけてもらえた
楽しい時間
作ってくれてありがとう!
うれしかった

下駄箱まで競走しよ〜!!

「子どもたちを支えていこう!」
と思っていた私のほうが
子どもたちに支えられていた

私との出会いを大切にして
喜んでくれた

これからもきっと変わっていく

子どもたちも

私も

その間の私の人生を子どもたちが支えてくれていて
そんな　子どもたちの人生を　私が支えるんだ

先生!
一年間よろしくね!

先生っていう仕事は　そういうものなんだな
一緒に乗り越えていこうね
こちらこそ　よろしくね

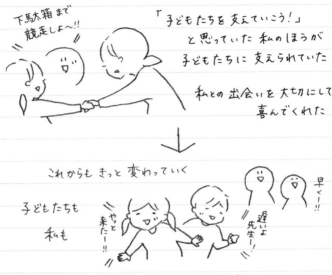

おわり

教師になりたいと思った日

私は何になりたいんだろうと悩んでいた

大学3年生の頃

会社説明会に行ったり

気になった企業のエントリーシートを書いたりしたけど

「これだ！」と思えるものはなくて

いつも心の中には

「学校の先生になったらどうだろう」という気持ちがあった

↓

なぜ学校の先生になりたいのかと聞かれても

はっきりとした答えは出せなかった

子どもに関わる仕事や

教育に関する仕事なら他にもある

その中でどうして私は

学校の先生になりたいのか

↓

たくさん考えて　たどり着いたのが

とにかく一度
なってみればいいんだ！

ということだった

私は人と関わることが好きだし　絵を描くことも好き

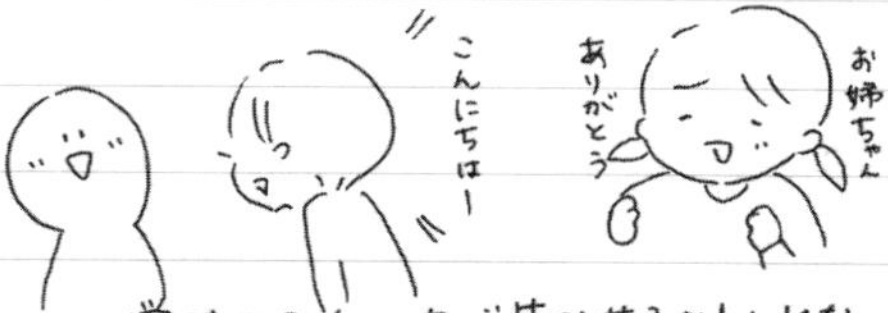

学校なら私の力が生かせるかもしれない
私の好きなことができるかもしれない

そして それが
誰かの幸せの一助になったなら
とても幸せなことだなと思った

↓

絶対に学校の先生になりたい！
という強い気持ちがあったわけじゃない

当時の私の気持ちは
全部「かもしれない」だった

「学校の先生になったら どうだろう」
「学校なら私の力が生かせるかもしれない」

そうやって自分の「好き」や「ワクワク」に正直に動いたら
学校の先生という今の場所がぴったりなんだ と気がついた　おわり

おわりに

大学を卒業して教師という仕事に就いたものの、
想像を超える仕事の量と種類。そして何よりも、
子どもたちとの関わりの難しさに直面して、
「うまくできないのに、この仕事をずっとやっていけるのかな」
「子どもたちのためになること、何もできていないな」
と思うことがたくさんありました。

しかしいろいろな悩みを乗り越える中で、
この仕事の面白さや魅力を感じるようになりました。
できなかったことができるようになっていく子どもたちの姿、
好きなことに夢中になる姿、成長していく姿を近くで見て、
気持ちを共有でき、そして私の仕事がその助けになれるということ。
それが、一人一人の幸せや未来につながっているということは、
大きな責任も伴うけど夢があり、
クリエイティブな仕事だと思えるようになりました。

学んだことや思ったこと、悩んだこと、これからの自分に生かしたいこと、
子どもたちのステキな姿を残しておきたいという思いで始めた絵日記ですが、
描くたびに「やっぱり私は子どもたちのことが大切だなぁ」
「この仕事が好きだなぁ」と思うことができました。

子どもたちを取り巻く環境は、成長するにつれてどんどん複雑になりますし、
子どものみならず、大人も悩んだり、行き詰まったりする世の中です。
課題はたくさんありますが、「みんなが自分の幸せのために
生きられるような仕事がしたい」という気持ちで、今日も学校に行きます。
できることを探して、たくさん学び続けよう、新しいことに挑戦しよう、
子どもたちの宝物をたくさん見つけようと思っています。
ワクワクする気持ちも一緒に持って。

最後になりましたが、本書を手に取り、
読んでくださったみなさまに心より感謝を申し上げます。
この本がみなさまの幸せの一部になれば幸いです。

２０２１年11月　ほたろう

Staff

デザイン　細山田光宣　南 彩乃（細山田デザイン事務所）

校正　麦秋新社

編集　安田 遥（ワニブックス）

小学校教師ほたろうの
宝物みたいな日々

先生のあのね

ほたろう 著

2021年12月22日　初版発行

発行者　横内正昭
編集人　青柳有紀

発行所　株式会社ワニブックス
〒150-8482
東京都渋谷区恵比寿4-4-9　えびす大黒ビル

電話　03-5449-2711（代表）
03-5449-2716（編集部）

ワニブックスHP　http://www.wani.co.jp/
WANI BOOKOUT　http://www.wanibookout.com/

印刷所　株式会社光邦
DTP　株式会社オノ・エーワン
製本所　ナショナル製本

定価は表紙に表示してあります。
落丁本・乱丁本は小社管理部宛にお送りください。送料は小社負担にてお取替えいたします。ただし、古書店等で購入したものに関してはお取替えできません。

ISBN 978-4-8470-7134-8

ほたろう

1988年生まれ。中部地方のある県で、公立小学校教諭として勤務している。学校での出来事や、子どもたちとの関わりで考えたことの絵日記をつけ、インスタグラムに投稿して話題に。小学生の頃に好きだった教科は理科と図工、好きな給食のメニューはわかめごはん。

Instagram　@hotarouenikki

(　　　)

えっ!

ホッ